Welcome to SUDOKU!

Whether this is your first time playing or you're already hooked, the sudoku puzzles in this notepad promise hours of fun.

Sudoku was originally invented in the United States, probably in the 1970s, and was originally called "Number Place." However, it really caught on in Japan in the 1980s, where its name was changed to "sudoku," meaning "single number." It then spread across the globe. It was introduced in the *London Times* in 2004, and, since then, has swept the United States.

Here's how it works: Each sudoku puzzle is a grid of 81 squares—9 squares across and 9 squares down. Within that grid there are 9 larger squares of 3 squares across by 3 squares down. The borders of

D0187884

these larger squares are denoted by thick
lines. The object of the game is to fill in
the digits 1 through 9 in every column,
every row, and every one of the 9 larger
squares, without repeating a digit. Each
puzzle has some numbers already filled in
to get you started.

Here's what a sample puzzle looks like:

5	6	9	2	3		8		4
2	3					1		
		8		7	6		2	
	8		5	9		2		7
				6	3	4		5
6	4				7		3	
1	5	6			2			
	2		6			7		
9				1			8	2

To solve, it's usually a good idea to start with a row, column, or larger square that has many numbers already filled in. In the example on the next page, the top row has only two numbers missing. Seeing what other numbers are already in the row, you can deduce that the missing numbers must be 1 and 7. But which digit goes in which place? That's where the other numbers come in. Look at the blank space between the 3 and the 8. Then look at the rest of the numbers in the larger square the blank space is in. You'll see that there is a 7 already there, in the third row. Therefore, the 1 must go in the blank space between the 3 and the 8, and the 7 must go in the remaining blank space between the 8 and the 4 (see the next page).

5	6	9	2	3	1	8	7	4
2	3					1		
		8		7	6		2	
	8		5	9		2		7
				6	3	4		5
6	4				7		3	
1	5	6			2			
	2		6			7		
9				1			8	2

Another solving technique is to concen-
trate on a single digit. In this case, let's
start with 1. If you take the first three
horizontal large squares, you'll see that
1 appears in two of them: in the top row
in the second large square, and in the
second row in the third large square.
That means there's still a 1 to be placed in

the first large square. It can't go on the
top row and it can't go on the second row,
as there are already 1s in those rows, so
it must fit somewhere in the third row.
There are two blank spaces in the third row
in the first large square. If you look down
the columns, you'll see that there's already
a 1 in the first column, 7 rows down, so the
1 must go in the blank on the right.

5	6	9	2	3	1	8	7	4
2	3					1		
	1	8		7	6		2	
	8		5	9		2		7
				6	3	4		5
6	4				7		3	
1	5	6			2			
	2		6			7		
9				1			8	2

Then, continuing work on the 1s, try the three large squares in the left-hand column. You just filled in a 1 in the top large square, middle column, and you see there's a 1 in the bottom large square, left column, so in the middle square the 1 must go in the right column. But you can't tell, by checking the other rows and columns around it, which blank space the 1 should be in. That's fine—you can move on to a different set of three squares or a different strategy. For example, look at the top left large square. Since you filled in a 1, there are only two blank spaces left. They must contain a 4 and a 7. And looking across the rows, you see there's a 7 in the third row, second square. Therefore, the blank space in the third row in the first square must contain a 4.

blank space in the first square is where
the 7 goes.

5	6	9	2	3	1	8	7	4
2	3	7				1		
4	1	8		7	6		2	
	8		5	9		2		7
				6	3	4		5
6	4				7		3	
1	5	6			2			
	2		6			7		
9				1			8	2

Now that you've completed the top left
square, you've opened things up a little
bit more. Look at the second column from

the left—there are only two blank spaces,
and the digits that must go in those
spaces are 7 and 9. There's already a 9 in
the bottom left square, so the 7 must
go in the bottom left square, and the 9
in the square above it.

5	6	9	2	3	1	8	7	4
2	3	7				1		
4	1	8		7	6		2	
	8		5	9		2		7
	9			6	3	4		5
6	4				7		3	
1	5	6			2			
	2		6			7		
9	7			1			8	2

You can now fill in a 7 in the middle left square because of the placement of the 7s in the top left and bottom left squares, and also because of the placement of the 7s in the two large squares to the right of the middle left square.

5	6	9	2	3	1	8	7	4
2	3	7				1		
4	1	8		7	6		2	
	8		5	9		2		7
7	9			6	3	4		5
6	4				7		3	
1	5	6			2			
	2		6			7		
9	7			1			8	2

Continue on in this vein, moving around the grid filling in numbers. It's helpful to use a pencil in case you need to erase, or you want to make small notations on your puzzles about where digits could potentially go. If you think you're stuck, don't give up. Be patient and keep trying different strategies until the placement of more digits reveals itself.

With your newfound sudoku knowledge, can you finish this puzzle?

5	6	9	2	3	1	8	7	4
2	3	7				1		
4	1	8		7	6		2	
	8		5	9		2		7
7	9			6	3	4		5
6	4				7		3	
1	5	6			2			
	2		6			7		
9	7			1			8	2

What we've presented here are just a few basic strategies. As you begin doing more complicated puzzles, two good Web sites to go to for more information about sudoku solving are www.sudoku.com and www.sudoku.org.uk.

In this notepad there are 200 sudoku puzzles, ranging in difficulty from beginner to intermediate, with answers at the back. Once you start doing sudoku, you may find it's difficult to stop—this handy notepad format will allow you to puzzle wherever you are, whether it's standing in line, commuting, or on a plane or train.

Enjoy your sudoku!

	8	9			2	6	1	
4					9	5		
7			6		3		9	
		6		7	5	4		
	1	5				9	2	
		7	9	8		3		
	3		5		6			9
		2	4					8
	7	4	1			2	3	

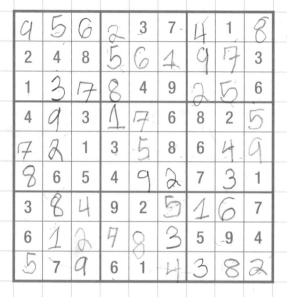

9	5	6	2	3	7	4	1	8
2	4	8	5	6	1	9	7	3
1	3	7	8	4	9	2	5	6
4	9	3	1	7	6	8	2	5
7	2	1	3	5	8	6	4	9
8	6	5	4	9	2	7	3	1
3	8	4	9	2	5	1	6	7
6	1	2	7	8	3	5	9	4
5	7	9	6	1	4	3	8	2

8	6		9	2				
5	4		3	8	1			7
3								1
7	8				3			4
4			1		6			9
9			8				5	6
1								2
2			7	5	4		1	8
				1	8		9	3

3	5	1	2	7	8	4	9	6
8	6	9	1	4	3	2	7	5
7	2	4	9	5	6	8	3	1
6	9	2	8	3	4	6	1	7
5	1	3	7	9	2	5	8	4
4	7	8	6	1	5	9	2	3
9	4	6	3	2	7	1	5	8
1	8	7	5	6	9	3	4	2
2	3	5	4	8	1	7	6	9

	2		3			1	8	
		6	8	4			5	
		3		7			1	9
4			2		7			1
2	5						3	7
8			1		5			4
7	9			1		6		
	4			6	8	1		
		5	9		3		4	

	5	3				4	8	
				3	8	6		2
				9	5	7		1
7	9		2				6	
	6		3		4		1	
	1				7		4	5
2		9	6	1				
4		5	8	7				
	7	1				8	9	

	8		4				5	
	5		3	6	7			4
			9		1	2	7	
	1	9	8		6			
	2	3				6	1	
			2		1	5	4	
1	6	8		5				
7			6	2	3		8	
	4				9		6	

				7	6			9
7	3	8				2		
		9				5	7	1
			4	5	7		9	
5	7	2				4	3	6
	1		3	6	2			
2	6	3				9		
		7				8	4	3
8			9	1				

5	2		9			3		
1			8	5		7		
4	8		7			6		
	9			6	5		2	
2	3						1	6
	7		1	2			8	
		6			3		7	5
		2		9	7			4
		8			1		3	9

				1			5	
4	9							6
			8	7	4		9	2
		1			3	8	6	4
7		2	4		6	5		9
6	4	8	9			7		
8	7		2	9	5			
3							4	8
	6			4				

	5	8		3			2	
		7	6	2	4			
4		1				6	9	3
9	8				6			
2			1		3			8
			5				3	7
8	3	6				1		5
			8	6	7	3		
	4			1		2	8	

8	4		9				1	
3	7							
6	9	5		2			4	3
1			5		4			9
4	6						5	7
5			1		3			8
9	3			4		5	7	1
							2	6
	1				7		8	4

7	1	5					3	
8			4		6		5	
2					3	1	9	
		3		2	7	6		
9		1				8		5
		4	8	9		7		
	5	7	3					4
	9		5		8			1
	6					5	7	2

4			5			9	6	
	5		8	1	7			
2	3						5	
		4	2	6	1	8		
	9	5				3	1	
		8	3	9	5	4		
	6						2	7
		9	5	6			8	
	1	3			2			9

3						1	2	9
	2	1		4				
8			2	1	5		6	
	7	9	4					6
		2	1		6	5		
1					8	4	9	
	5		9	3	2			1
				7		2	8	
2	6	4						3

	8		7	3	2			
5				4			6	
1							9	2
8	3	4	2		5	7		
		2	4		3	5		
		9	8		6	2	3	4
3	7							8
	9			2				1
			5	8	9		7	

	5	4					3	
6			8	1	9			4
7						2	6	1
		1		3	8	5		
	3	6				4	2	
		9	2	7		8		
3	6	5						9
9			5	6	4			2
	8					6	7	

7	5	6	9	1				3
		1					8	
		2	4	7				
	3	5			7		9	6
	1		8		2		7	
4	7		6			5	1	
				6	1	9		
	9					7		
5				8	9	2	4	1

	8		6		4			2
		4			3		8	7
		1		8	2			5
	4		8	2			1	
	6	3				2	7	
	5			9	7		4	
2			7	1		3		
7	1		4			6		
4			2		5		9	

6		7	4	1				2
						3	8	
		2	3	5				
2	7		6		3		1	
8	5	9				6	4	3
	6		8		5		2	9
			7	9	4			
	4	3						
1			3	4	5			6

SUDO-WHAT?   20

8				3	9		2	
1					7		3	4
7		3			4		5	
		2		1	5	4		
	3	6				7	1	
		7	2	6		9		
	5		4			2		1
2	4		8					6
	7		3	9				8

				3		9	6	2
			9	1	8			
7	5	9						
4	8	5	2		1			3
	3	2				5	9	
9			4		3	1	2	8
						3	4	9
			5	8	7			
2	1	6		4				

	3	1			2	6		
	2		1	7		4		
7	9		5			8		
3				9	4			2
6	1						4	3
8			2	3				7
		4			9		5	8
		3		2	8		1	
		7	3			2	9	

					2		5	7
			9	8	1		3	4
9				6			8	2
7			6				2	8
6			3		9			5
5	1				4			9
4	5			9				6
3	8		2	4	6			
1	9		7					

			7	3			8	6
2	7		5			3		
6			9	4		7		
	1		3	2			5	
3	8						7	9
	5			6	7		4	
		3		9	5			1
		9			3		6	5
5	6			8	4			

		8		2				3
9			1			4	6	7
5			7	6			2	
		8		2	1	7		
4		1				9		2
		6	9	4		5		
	3			7	6			8
2	7	9			5			4
8			2		9			

2		7	6	1			3	5
								8
4					5	2		1
	1		9	6	4		5	
7	6						9	3
	2		7	8	3		4	
5		9	1					7
8								
6	7			9	2	3		4

1		7				3		
8			5	2	1		6	
4	5	6	9					
3	8	9		1				
2			6		4			9
			8			1	2	7
				7		5	4	1
	4		1	3	8			2
		2				9		3

		6	9	2	3			
1	5	8						3
			8		4	6	7	
	3	7	5					
9	8		6		7		2	4
				1	7	3		
2	4	9		1				
7						8	1	9
			7	6	9	3		

4		3	7	8	6			
	5	9					4	8
		2		5			1	3
					8	3	7	6
			5		3			
3	8	4	2					
7	4			3		8		
1	9					2	3	
			1	4	9	5		7

4			6	8	9		5	7
5				2	3		1	8
								2
7			2					5
1	4		5		8		3	6
9					4			1
2								
8	3		9	1				4
6	5		3	7	2			9

2	1	4	3	5	9	8	7	
9	6		2					
3	9			8	5			7
7	5						1	8
8			9	6			2	5
					1		3	9
	2	5	7	9	3	6	8	4

8				4		3	9	
7		9				6	2	
5			9	1	2			
	3		8	7			1	
	9	7				2	4	
	1			6	9		5	
			3	8	5			9
	8	4				5		7
	5	6		9				2

3					9		5	
			6	7		2		3
8	1		5			9		
				2	4		7	5
2	6	4				3	9	1
5	7		9	6				
		9			5		6	7
6		2		8	1			
	5		3					4

			1	3	6			7
	7	6				4		8
	9		8	4		2		
8			2		3			9
6	2						4	3
5			7		4			2
		2		5	1		7	
4		3				9	1	
7			4	8	9			

4	8					3		
			3	6	4	9		
7	9			2		5		6
					8	6	1	3
	6		4		9		7	
2	3	7	5					
3		9		8			6	2
		8	1	4	3			
		5					3	8

		1		6	5	7	4	
9		5						6
		7		8	9			2
	6				2		9	1
	9		8		6		7	
1	3		4				5	
4			5	2		8		
2						3		5
	5	3	6	7		9		

					5		4	
9			4	7	8		6	2
2				3			7	1
4			1				9	3
1			7		4			5
6	2				3			8
8	7			9				4
5	4		3	2	6			7
	1		8					

	6		1	3	4			
7						3		6
				9		2		4
1	4		7			6	5	8
		7	5		3	4		
2	5	9			6		3	7
9		5		4				
3		8						1
			8	7	2		9	

7			9	6			8	
	4		3	8		2		
	9		4			6	5	
9			6	1				8
2		6				9		7
5				2	9			6
	2	9			4		6	
		5		9	7		3	
	8			5	6			1

8	5		4	9				
7	9							1
	4		7	6	2			8
3	6				9			7
9			8		5			3
5			3				2	4
2			6	3	7		1	
4							7	6
				1	4		8	9

7	3	8	5	6		4	1	
2	6			1	9			
1	8			3	6		5	
	9	5				7	3	
	4		2	5			6	8
				8	5		7	6
	5	6		7	3	2	9	1

SUDO-WHAT?   42

8			7	5	3		6	4
				9		2	8	
	6	4						3
	5	2			4			
9		8	5		7	6		1
			8			3	4	
1						4	5	
	7	3		4				
4	8		1	6	2			9

7			6	3	5		1	8
3					7		2	4
				9				3
9			1				7	6
4			9		8			2
2	5				3			1
8				4				
1	6		3					5
5	3		7	2	6			9

1			2	6	9			
			4			8	1	2
	5	4					9	
6	2	1	9					
4		5	3		7	1		6
				2	5	4	9	
	1					3	6	
7	8	9		3				
			1	2	5			7

8			9	3	1		7	6
6				4	2		9	8
							5	3
1			3				6	
3			8		7			4
	9				6			2
7	2							
9	3		7	5				1
4	5		2	6	3			9

8					9		5	
2				1			7	9
7			5	2	3			6
5			9				3	2
1			2		5			8
3	4				6			7
9			4	5	8			3
6	5			9				1
	2		7					5

8	4		7	6	3	1	5	2
6	3		9					
7		2		5	8	3		
	1	8				7	6	
		4	1	3		8		9
					2		3	8
9	5	1	3	8	6		7	4

SUDO-WHAT?   48

4	3		2	7				5
8	6		4	9	5			1
7								4
					3			7
3	4		7		6		8	2
1			5					
9								8
6			1	8	7		3	9
5				3	4		2	6

	4		9	6				
						6	8	
	3		7	5				1
7	5	3	1			9		
6	8	2	3		5	7	1	4
		4			6	5	2	3
1				8	9		7	
	6	9						
				3	2		5	

			7	6	9		5	
4	3	7				1		
			4			2	8	7
2	7	8					4	
	6		1		4		2	
	4					5	3	6
1	9	3		2				
		6				3	9	4
	8		9	3	5			

		5	7	1	9			
4	1	6		3				2
3		9				5	8	
	2	8	4					
	4		3		6		1	
					5	7	9	
	5	1				8		9
8				5		6	4	3
			9	8	2	1		

2		8	5	4	7		9	1
				6				
	3	4		9	8			
			9	1		7		5
9		6				4		8
5		2		3	4			
			7	8		6	5	
				2				
4	9		6	5	1	2		3

		4	7			1	3	
2		8				5	7	
			9	5	4			6
	1			7	2		9	
	7		3		6		5	
	4		5	1			8	
1			8	4	7			
	8	7				9		2
	6	3			1	7		

4		8		1				3
1			5	8		6		
6		9	2			7		
	6			7	8		1	
8	2						3	7
	1		3	9			4	
		6			4	1		5
		7		6	1			8
3				2		4		9

6	2	1		9				4
			3	4	8	1		
	3					5	9	7
	5	4						8
3			9		1			5
8						6	2	
9	7	5					4	
		6	7	2	4			
2				5		7	8	1

						6	8	9
1			5	7		3		4
		2	3	6				
7	6		9		2		5	
	8	3				9	4	
	1		4		3		7	6
			3	1	4			
4		1		9	7			2
6	7	9						

2	7	4		3	8		9	6
1			5					
7	5			4	9	1		2
8	9	3				4	6	7
4		1	6	7			8	5
					2			4
5	6		9	1		3	7	8

		3	7	2				6
	4	9	6	3				8
		1				3	2	
	3		8		4		9	
5	8						7	3
	2		1		3		5	
	7	8				5		
3				8	7	4	6	
4				6	9	2		

7	6			8				
	8		1	4	3			5
						2	9	8
			5	7	8		2	9
8		2				6		4
1	9		4	6	2			
4	7	8						
5			7	9	4		3	
				2			1	7

	7					5	3	1
			8	7	6		9	
4	9	2						
			2	3	4			8
1	4	3				9	2	5
6			9	1	5			
						4	7	6
	6		1	2	3			
5	8	9					1	

4		2	6	5			8	3
		3	7	4			1	
		9					5	
	9	8			2			4
6			9		5			8
1			4			3	7	
	3					8		
	5			1	3	2		
8	7			9	4	6		5

9				2		1		3
1	5	8			6			
			1	9	8		7	
				3		5	9	6
		1	6		7	8		
5	2	6		4				
	4		5	1	2			
			9			4	6	1
8		3		6				2

		6	5	3			2	7
		9	4			1	3	
3		5	9				8	
	5			6				9
1			8		3			4
7				2			6	
	4				9	7		3
	2	8			7	6		
9	3			5	1	8		

			3	6	7			
4	1	7		8				2
9		6				5	8	
2					1	3	7	
	7		9		5		6	
	8	3	6					4
	5	1				4		6
7				5		8	9	3
			4	2	3			

	8		3	6		2	1	4
			7	2			5	
4		6					3	
	1	7	4		3			2
		9				4		
2			6		8	3	9	
	4					7		9
	7			5	1			
6	3	2		4	7		8	

	8			5	4		2	7
					8			4
	3		1	6	2			
			5	4	1	2		
1	4	5				6	7	8
		9	6	8	7			
			4	7	6		9	
2			3					
7	6		8	2			1	

				4		2	6	
			6	7				
7	6	4			9	3	8	1
	8		3		2		9	
5	4						3	2
	3		4		1		7	
3	7	1	8			5	2	6
				3	6			
	2	9		1				

	8		5		7			
		3	8				5	1
		9	1	2				4
	3			1	5		8	
6	4	5				1	9	3
	1		3	6			2	
1				5	8	6		
7	2				1	5		
			9		4		1	

		7	1	6				3
4					1	5		
	1	9	8			2		6
				8		7	1	2
	6		2		4		3	
8	3	2		5				
1		3			8	6	4	
	5	8						7
6			9	3	2			

1	8		9					4
9			5	2	3			1
2				8				6
3	2				4			
5	1		8		7		4	2
			3				5	9
7				1				3
4			6	3	8			5
6					5		2	8

	2	1		7				3
			6	4	2			9
4	9	8						7
	4	2	3		1			
	6	7				9	3	
			7		4	5	2	
9						7	1	8
2			4	8	7			
7				5		6	4	

		8		5	4			6
		3		1	7			9
1		7					8	
	8		1		6		3	5
	1		5		8		7	
9	4		7		2		6	
	2					3		7
8			4	7		6		
6			9	2		1		

				7		9		8
	2	4				3		
			3	5		2		6
	1		6		4		8	5
6	9		8		5		2	1
4	5		2		7		3	
2		5		6	1			
		3				5	7	
8		9		2				

6	3	7	4		5	2	9	1
5		2	3					
8	4			5	7			3
3		1				6		9
2			1	9			7	8
					1	5		2
7	9	5	8		6	3	1	4

9			2			4		
2	1			8	4	3		
	7			6	1	5		
4			3		9			6
6		7				2		1
5			6		7			3
		3	4	5			8	
		2	1	9			7	4
		6			2			5

				4		5	8	
7	4	1						6
	3		2	6	9			
9		8			3	7	4	2
			8		5			
3	2	6	7			1		8
			5	7	6		3	
5						9	7	1
	8	7		3				

6					2				8
4			9	8	3	1			
	3	8						1	9
8	2	5			6				
7			1			9			3
					4		7	8	6
5	1						4	2	
			6	1	7		8		5
3					5				1

	3		4	8		6		
		8	9		7			5
		2	1	6				8
	9			7	1		4	
	6	1				5	3	
	8		6	5			2	
5				4	2	9		
8			5		9	7		
		4		3	6		5	

			4	2	9		6	5
5	2			1			8	
4						7	2	
		1	8		4	6		
	4	7				9	5	
		3	7		6	2		
	6	4						2
	7			6			1	4
1	9		3	4	5			

8	9			1		2		
6	4		2	8				
			9	7	6	5		
7	5		6		1			
9	2						4	1
			8		9		3	5
		9	3	6	2			
				9	4		5	8
		1		5			2	6

		4	9					3
		6	2	3	5			7
					8	2	5	9
				6		9	2	1
	7		8		2		4	
9	5	2		1				
3	1	8	7					
7			4	8	9	1		
2					3	6		

			1	5		7		3
			6	2		9		4
	2	3				1		
	7		4		8		9	2
1	8						3	6
5	9		3		2		1	
		1				2	5	
2		8		3	9			
6		7		8	1			

1		4			9	7		
3			4	5	7		8	
5					6		4	
4		7		1	4	3		
4		9				6		5
		8	9	2		4		
	2		5					4
	6		3	4	8			2
		5	7			1		9

4	9		7	8	1	5	6	2
					2	7	3	
		5	8	1		4		9
	2	8				1	7	
9		1		7	3	6		
	3	7	5					
2	5	4	6	9	7		1	8

7				9	2		3	1
8			5	4	1			7
1							2	5
3			2				1	4
			8		5			
2	6				7			3
5	4							2
9			3	5	6			8
6	7		1	2				9

						2		
9			1	4	3			8
8			7			5		
5	4			3		7	8	6
6		8	5		9	4		2
7	1	2		8			3	5
		6			5			7
1			9	2	8			4
		3						

			7	3			1	
	2	6		1	4			3
					9	4	8	5
3				5	7			9
6	8						2	7
4			1	6				8
7	4	1	3					
9			2	7		3	6	
	6			4	5			

1			4	3	7			8
2				1		3	5	
	9	3				4		
5	4	9			2			
	1		3		8		4	
			6			1	7	9
		1				6	2	
	8	7		6				5
6			9	5	4			1

7	3	8						
		2		7	3			4
6		9		1	5			3
	2	4			9		7	
	5		4		7		1	
	6		3			4	9	
3			6	9		1		7
4			7	5		2		
						8	5	9

	5			6		2		3
	2		5	3	8	7	1	
	4					9		
3	6	5			2			
7			8		3			1
			6			3	4	5
		9					3	
	3	2	1	7	5		9	
5		8		4			6	

			5	1		7	6	
6			4	9		2	3	
	7	9				8		4
			7		9			1
8	9						5	6
1			3		5			
2		5				6	9	
	8	1		3	6			7
	6	3		5	4			

6		7		3		1		9
		1	7			5		
		3	8	2				7
	7			4	3		1	
	8	4				9	6	
	9		6	5			7	
2				6	9	7		
		5			7	3		
7		9		1		8		4

4	9		6	7	2			3
	8		1					
1				5	8			6
8			9		5			4
	3	6				7	5	
2			8		7			1
5			2	1				7
					4		6	
7			5	8	3		2	9

		8		1	5	7		
	4		2	9			5	
			3			6	4	2
3		9	6	4				
1		7				4		9
				7	1	2		8
6	7	5			8			
	3			2	9		1	
		2	5	6		3		

		7						
	9		8	7			1	3
			6	1			5	
9		1	7		3	5		8
4	6	5				1	3	7
3		8	4		1	9		2
	3			9	2			
8	1			4	6		7	
						6		

5		3	8		6	1		4
			7				9	
8			1	2	4			
				4		5	7	1
	5		3		8		6	
4	1	9		5				
			4	6	1			3
	6			8				
2		5	7		9	6		8

			4	2			7	1
7	3	1				8		
			1	7	3	9		
	9		8	3			4	
5	7						6	3
	2			5	1		9	
		3	7	6	9			
		9				2	1	7
8	5			1	4			

5			2	1	6			
				3		5	4	7
8	9	3				1		
6	4	8			7			
	2		3		5		8	
			4			9	2	6
		7				2	9	3
9	5	2		4				
			7	9	2			1

		3	6		9	2		
1	4	2						
		7				8	4	5
4	2		5	1	7			
3	7						2	1
			3	8	2		9	4
8	3	6				4		
						1	7	3
		5	2		4	6		

		4		5	3			2
6		5				9		
		3		1	8			
	2		5				1	6
	6		2		7		8	
9	3				4		7	
			7	2		5		
		2				6		3
1			3	9		8		

	7	6		9				
5			3	4	1			
						2	8	3
	9	3	7					
4		1	9		8	3		5
					3	6	9	
9	2	8						
			6	3	5			8
				8		4	1	

8				4	3		2	7
	3	2		1				8
	6	5						
				5	1	7		
		1	9		7	2		
	7	3	6					
						5	4	
1				7		8	6	
9	8		2	5				1

			8	9	6		7	4
		6	1			3		
		5	3				9	
4				7				1
3			2		9			5
2				6				8
	3				8	2		
		1			2	6		
6	9		7	5	4			

			4	7	3			
3						2	9	
	5	8		6				1
					5	9	3	6
	3		1		4		8	
7	2	9	3					
8				1		5	4	
	1	6						3
			9	3	8			

7	9	6		4				1
			1	3	5			7
						2	8	
1					3	5	7	
			8		6			
	7	9	4					3
	8	2						
5			6	9	7			
9				8		4	1	6

		5			2	8		3
1					9		6	
4	2						7	
		2		6	4	5		
7		9				4		6
		6	8	3		1		
	3						1	8
	6		4					9
8		7	1			3		

		7			9	2		
		4			2	3	6	
		8		3	1		5	
9				5				2
1			2		4			3
8				6				4
	6		4	9		7		
	2	5	8			9		
		9	3			1		

	3		5	6		4	9	8
						7	1	2
1			3	7	6			9
2	7						8	3
6			4	2	8			5
8	4	5						
3	2	7		1	9		6	

6	7	5						
			5	2	6			9
			4			5	1	
3	5	1						
4		8	7		9	1		3
						2	4	5
	4	9		3				
5			6	7	1			
						8	3	7

			1	5	7			
				2		6	4	
3	9	2						
					8	5	7	1
5		1	4		2	8		9
7	6	8	5					
						9	3	2
	1	4		3				
			6	8	9			

	3		8	9	5	2	4	7
					1			6
	7		2	4			6	5
	2	6				3	1	
9	5			8	6		2	
8			9					
2	9	4	6	7	8		5	

	9	1		8				
			5	4	3			
						8	7	3
8	7	2	3					9
4			7		8			5
6					2	7	8	1
5	3	8						
			9	7	6			
				3		1	2	

			1	6	2			8
5						1	2	
	6	1				4		7
				4		7	6	
	3		6		5		1	
	2	9		7				
3		4				9	5	
	7	6						2
1			8	9	3			

9	3					2		6
			5	6	3	8		
	4					1		
8					1	6	9	
6			9		2			3
	7	9	3					4
		5					6	
		1	8	4	9			
4		2					7	1

		8		2	1		6	
						8	7	2
			5	9			1	
2		6	5		3			
1		3				5		4
			2		8	6		9
	5		1	6				
9	7	2						
	6		4	9		3		

				3			9	2
	7	4						5
9				6	5			
		8	1		4	9	5	
6		2				8		3
	9	5	6		3	7		
			8	9				1
2						5	6	
3	1			7				

		8				5		2
	5		1	7	4			6
		9				4		
	9			5			1	7
	7		8		6		4	
2	3			9			5	
		3				8		
4			3	6	2		9	
6		5				7		

1		9	7	4	8	2	6	3
			3				7	
	1		4		7			5
4	7						1	8
2			6		1		3	
	8			9				
9	3	6	5	7	2	1		4

7		2						3
					4		8	9
			1	5	3			
			6	9	7	3		
4	6	9				2	5	7
		1	2	4	5			
			5	8	9			
6	3		4					
5						1		4

NOVICE   20

	1	5	3		4	8		7
	9		8	6	5			
		6	4	8	1			
	3	4				2	8	
			2	3	9	5		
			7	2	8		3	
5		8	9		3	6	4	

		8						4
			5	3	6	8		2
			8			7	9	
8				2	9			6
4		9				5		8
2			7	5				1
	3	7			1			
5		2	6	9	4			
6						2		

8		9	6	4	1	2	7	5
						3	1	
7			3	1			8	2
3								6
6	2			9	5			4
	1	4						
9	6	3	7	2	8	5		1

			2	1			9	
6			4	3			7	
8				5			4	2
		7	9			2		
		3	5		2	8		
		5			1	6		
7	1			9				3
	3			2	7			5
	2			8	4			

8	5		6		4			
			9	7	8			4
			1		2			6
				8				1
9	7		4		1		5	3
3				2				
4			7		6			
2			8	1	5			
			2		3		8	9

			6			9		8
				2	3		7	1
					9	5	3	
			2	3		4		6
7		8				2		9
6		2		8	5			
	8	1	4					
4	2		7	5				
5		9			6			

			5	9		2		
9			4	6		3		8
4						6	1	
6	5	3						
	8		2		4		6	
						7	9	5
	3	2						6
1		7		2	5			4
		6		3	8			

1			9	4			7	
				1	6			2
	4		8	7	3			
			1		4	5		
7		6				8		9
		2	7		9			
			3	5	7		1	
3			4	2				
	8			9	1			4

5						6		
	1	2					9	
7			4	3	1			
6			7		2	4	3	
	8	3				1	7	
	4	7	3		8			5
			8	9	6			1
	5					2	4	
		1						3

		9	8	6			3	
	5				7	6		
	4			9	1	8		
6				2				7
1			5		6			4
5				8				9
		3	9	1			5	
		7	6				4	
	8			3	4	2		

		7	8	3				
6		1	2	5				
	8	5				3		
	5				7		6	1
	2		9		3		4	
7	9		6				8	
		3				5	2	
			9	1	4			7
			4	2	6			

	4		1					3
	1				2	9		
	7			9	6	5		
6				4	5			2
1	5						3	7
9			8	1				6
		5	9	2			1	
		8	3				2	
2					7		4	

	2	8		9				7
	7			6	4			
1	5					3	4	
6			7		9			4
		3				5		
7			1		8			2
	3	4					8	6
			2	7			9	
9				8		2	1	

4				3		2	1	6
3	5	7						
			9	8	4			5
	4	1	6					
			7		5			
					2	8	9	
5			2	7	1			
						4	5	3
8	6	9		5				1

			7	4	5			3
	5	2						9
			1		6			
	9	7	1		3			
1	6	8				3	5	2
			2		8	9	7	
		4		2				
5						1	8	
7			5	9	4			

							3	9
		4	7	5	2			
5	6	8						4
	4	5	6	8				
1		3				6		8
				2	1	4	7	
9						8	4	5
			1	3	4	2		
4	7							

			8	6	2			9
7				1		8	3	
8	2	4						
	1	9	4					5
			7		3			
5					1	6	2	
						1	5	4
	7	3		4				8
4			2	9	8			

3	6		1	7				
						6	5	
2			9	4			1	
4		9	5		7			
	1	6				7	3	
			6		8	4		2
	4			2	3			1
	5	8						
			5	1			7	9

	5	8				6		
			6	2	9	1		5
				8		7	3	
	9						7	6
	6		2		1		4	
3	8						5	
	3	1		4				
6		9	8	3	5			
		7				8	2	

		5	8	7		3		
					6	4		9
2	9	1						
			3	6	1		7	
4	6						1	5
	8		9	5	4			
						6	8	3
7		9	6					
		6		4	2	1		

7				1		6		
8			9	5		3		
2			4			1		7
1	3		8		5			
			7		6			
			1		2		8	5
6		4			9			3
		7		8	1			9
		5		7				2

		4	5			6		
2	9	1					7	
		6	3	2	7			
5				8				1
6			2		4			3
7				5				2
			7	6	1	2		
	2					8	9	6
		3			2	5		

NOVICE 42

			1	4	6			
	9	2		8				
6						3	8	5
	6	5	4					9
		3	2		8	5		
4					5	8	7	
1	8	7						3
				5		6	4	
			3	7	9			

	8			9		5		4
3	1					9		
			2	7		6	8	
			9		7			8
5			1		4			9
6			8		3			
	3	2		1	5			
		4					7	1
1		9		8			3	

						7	4	1
	7		3	6	8			
5	2	9		4				
						3	5	6
2			4		1			7
7	8	3						
			1			8	9	2
			7	5	4		6	
3	1	6						

	6				7	5	9	3
			1	6		4		
2	8	9						
		3		1	5	2		
		4				1		
		6	7	9		8		
						6	8	5
		8		4	3			
1	9	7	5				4	

8		9		4		3		
3		2	7	1	6	9		
7		1				2		5
								6
			3		8			
2								
5		6				7		1
		4	5	7	9	6		2
		3		2		8		4

8			3	5	9			
				4		7	8	2
	6	4						9
			9			1	3	
6			4		8			5
	9	5			7			
7						5	4	
2	3	6		7				
			6	9	1			3

				8		7	9	
			3	5	4			6
8	6	1						
6			8		7	9	5	
		2				3		
	7	4	9		6			1
						4	2	8
3			2	1	9			
	5	7		6				

				3		9	5	4
8	6	3						2
9			1	2	7			
	7	1			9			
			4		5			
			2			6	9	
			7	9	1			6
1						3	8	7
7	5	2		6				

	4	5	9		6	1	8	
1		2	7		5			4
	6			3			4	
	9	8				2	1	
	7			5			3	
4			2		1	9		8
	2	7	5		8	3	6	

9			4					7
	8		1	6				
3			2					
	9	5		7		2		1
1		4	9		8	6		5
2		6		5		9	8	
					6			8
			9	3			5	
7					2			3

	7				3			
6		4			2			1
		5	6	7	9			
	4			8	7		5	
8	3						4	7
	2		3	1			9	
			7	6	5	3		
9			4			6		2
			2				8	

				3	1		6	
2	7	5	9					
			8			9		4
5	8		2	4				
3	6						4	8
				8	9		1	5
9		8			2			
					8	7	2	3
	4		6	5				

	1			2		3		
9	6			5	4	8		
	7					9	5	
			2		1			6
3			5		8			2
4			9		7			
	3	2					4	
		8	6	9			7	5
		9		1			3	

	8			5	7			3
		9	3				2	
		4	8				1	
3				8	1			5
2		1				8		4
8			2	6				9
	7				8	6		
	2				4	3		
5			9	3			8	

NOVICE 56

		3			1		8	
8			4	6		2		
4				3		5		
	2		8		3		4	
5	3						7	1
	9		5		6		3	
		6		2				8
		7		9	4			6
	5		6			3		

	7			1		8		
1			6			5		
2			9	8		3		
	9		4	5			2	
3	4						1	5
	5			7	9		6	
		6		3	4			9
		8			1			7
		5		2			8	

				9	3	4		
6	4	2				8		
						1	5	7
	5		2	6	8			
9	7						8	1
			7	1	9		3	
8	3	1						
		5				6	1	9
		9	4	5				

	5	3		8				
2			1	7	4			9
9						2	8	
	1	6	5					
4			6		8			3
				3	7	9		
	2	7						5
8			9	4	2			1
			6		8	3		

				4		6	1	5
	7	2						
			1	9	8			
			4			1	9	3
8		1	5		7	4		6
4	6	3			1			
			6	1	3			
						2	4	
9	1	5		7				

9		7	4				8	
		3	7	6				
2	1			3				
		4	1		2	5		
5		8				7		3
		6	5		3	2		
				1			2	5
				9	8	6		
	7				4	1		9

				4	7			
		3				9	1	5
2	6	8				3		
	4		8	5	2			
1	3						6	8
			6	3	1		2	
		6				4	5	3
7	1	5				8		
			9	2				

7			5	8				
6			9	4	2			
1						4	8	5
				1	4		3	
	2	9				6	5	
	8		6	5				
8	4	5						7
			3	7	8			2
				9	5			6

NOVICE   64

2		7				1	8		
		1	6						5
			4				9		3
	5			2	8			3	
	6	2					4	9	
	3				1	6		7	
5		6				9			
4						7	1		
		8	5				2		7

				9		8	4	7
			2	6	3			
9	1	5						
					4	3	9	
3		7	8		5	1		4
	4	2	6					
						2	8	1
			9	4	7			
6	5	3		8				

9			7	1	4			
	8	7						5
6				5		7	3	
	7	2	5					
4			6		9			3
					7	8	1	
	5	1		7				9
8						4	2	
			8	3	2			6

		9		2	1		6	5
		3						2
2		5		4				8
			8		4		1	9
			5		6			
8	7		2		3			
1				3		5		6
5						7		
6	2		1	8		4		

3			7	1		9		2
4				3		8		
		2				6		3
7	8		2		1			
			6		4			
			3		9		1	5
5		3				1		
		6		9				4
2		1		6	8			7

			2	4		7		1
	6					5		3
	3			5		8		
1			3			9	7	
7			8		5			4
	4	3			9			6
		4		8			3	
9		5					1	
3		2		7	6			

		8	1	9			3	2
		7	3				6	
		2	7				4	
	1			6				9
3			4		8			7
5				3			2	
	8				4	2		
	6				9	1		
2	9			7	3	5		

			6		5	7		
2			1	4	3			
9	8	6						
	7	1			6			8
3			2		7			4
6			4			1	9	
						2	8	6
			9	5	1			3
	4	3		8				

6	8					9		
	7		2	5	9			
						2	3	4
9		5	4	1				
2		7				6		1
			7	2	5			9
4	2	3						
			1	6	3		9	
		6					7	8

			2	4	5			
						3	9	1
7	6	8						
	9		4	6	7			
2	1	3				7	4	6
			1	2	3		8	
						6	2	5
1	7	4						
			3	9	8			

	7				3			1
		2			8		9	
5	6	4					2	
3		8	7	6				
4		6				5		3
				4	9	2		6
	1					9	6	7
	8		2			4		
9			5				3	

2							1	
6		3	8	4				
		7		6			5	
1			5		4			
4	7						2	8
			7		9			3
	6			7		4		
				1	3	9		5
	8							7

						9	6	
	3	2					1	
			1	4	7			
			3		8	6		5
	9	8				4	2	
6		7	2		4			
			5	6	9			
	2					7	8	
	4	1						

				8	5			
		7						1
2		4		3				
8					9	6		7
6	5		8		2		3	4
3		1	4					2
				2		4		3
9						8		
			1	6				

2	8		4			6	9	1
3	5							
1	3			7	2			5
9								6
4			6	8			3	2
							2	7
7	6	1			5		4	8

9			7		8			
			6	5	4		2	
			3		1			
2					3		6	
1	3						8	9
	7		4					5
			2		9			
	5		1	3	6			
			8		5			7

7	6		1	2				
8				5				
								4
	9	5			3	8		
2		1	8		9	5		3
		4	5			6	7	
9								
			8					2
			4	7			3	5

	7	2				4	5	1
5	4	1				9	6	8
		6	4	5	1			
1	5	3						6
		4	8		6	1		
6						3	4	2
			9	2	3	6		
4	6	9						
						7	1	9

3							1	5
7	9						6	
			5	4	2			
		9		2	1	7		
		8				4		
		1	6	9		5		
			1	3	7			
	2						4	8
6	5							9

	4	8			9		7	
	6				7			1
	3				4			5
		9		2		7		
		5				8		
		1		6		4		
2			8				6	
7			1				9	
	9		5			1	3	

		7			6		8	
		5		2	9			4
		1					3	
9						6	5	
8			7		4			2
	7	3						1
	6					9		
2			1	8		4		
	5		9			7		

	4			3		9		
7			8			6		
1			5			4		
	8			7			9	
6	9						2	5
	3		6				7	
		4			2			8
		5			9			3
		6	4			1		

		7				2		
		2				9		8
9			6	4	2			1
5		9						
6			3		8			5
						4		2
2			1	9	7			4
3		4				5		
		8				6		

			3			9		
2			5			3		
6			7			1		
	1			8			7	
5	3		2		9		6	1
	8			6			4	
		9			7			2
		5			1			8
		7			4			

						5	2	
			4	9	7			
6	8	3		1				7
						9	7	
9			5		2			6
	4	1						
5				2		3	8	4
			1	3	6			
	7	9						

5		3		7	1			
2		6		9	4			
	8					5		7
4								2
			7		8			
9								6
7		5					1	
			2	3		8		4
			1	6		9		5

4	8					1	5	
		6		9				3
		7	1	2				
			4				2	
	1		6		2		8	
	5				3			
				7	8	2		
3				4		9		
	9	2					6	4

5						3	6	
	7	2						
			9	4	8			
4			6		5			8
	1	9				2	5	
6			8		2			7
			1	7	9			
						5	4	
	3	6						2

9	5	2			6			
6		1	3	8				4
	8		9		2		1	
	6						5	
	3		4		7		8	
7				1	5	2		8
			2			9	6	3

3		1	8	2		9		
6		4	7					1
	8			3			2	
	7	2				5	6	
	1			9			4	
1					5	2		7
		9		1	4	3		5

	1	2		5	3		9	
		3	4					
6	8		7					
		9		1		3		
		5				6		
		8		9		7		
					6		1	2
					5	8		
	4		3	8		9	6	

1	9		4	5				
		3	2					
		7				4		
	7			2			1	6
	8		7		3		5	
5	2			4			9	
		6				5		
					4	7		
			8	1			2	3

	2		9	4				
	1			5		6		
	8					7		3
7			6		5			4
		5				1		
8			3		4			9
3		9					5	
		6		3			8	
				7	2		3	

	1	4		2				
			9	8	3			
8						2	6	5
	6	3						
9			2		1			3
						8	7	
2	5	6						1
			1	6	4			
				7		3	9	

			2	6	9			
3	8	7						
						4	5	1
2	9	6						
		5	8		1	6		
						3	9	7
9	4	1						
						8	2	6
			3	5	7			

			5				
4		7	8			9		6
	9		1	4				
8			7		4			
5		2				6		1
			5		2			3
			3	5			7	
1		6			8	2		5
			9					

1 SUDO-WHAT?

5	8	9	7	4	2	6	1	3
4	6	3	8	1	9	5	7	2
7	2	1	6	5	3	8	9	4
3	9	6	2	7	5	4	8	1
8	1	5	3	6	4	9	2	7
2	4	7	9	8	1	3	5	6
1	3	8	5	2	6	7	4	9
9	5	2	4	3	7	1	6	8
6	7	4	1	9	8	2	3	5

2 SUDO-WHAT?

9	5	6	2	3	7	4	1	8
2	4	8	5	6	1	9	7	3
1	3	7	8	4	9	2	5	6
4	9	3	1	7	6	8	2	5
7	2	1	3	5	8	6	4	9
8	6	5	4	9	2	7	3	1
3	8	4	9	2	5	1	6	7
6	1	2	7	8	3	5	9	4
5	7	9	6	1	4	3	8	2

3 SUDO-WHAT?

8	6	1	9	2	7	3	4	5
5	4	2	3	8	1	9	6	7
3	9	7	4	6	5	2	8	1
7	8	6	5	9	3	1	2	4
4	2	5	1	7	6	8	3	9
9	1	3	8	4	2	7	5	6
1	5	8	6	3	9	4	7	2
2	3	9	7	5	4	6	1	8
6	7	4	2	1	8	5	9	3

4 SUDO-WHAT?

3	5	1	2	7	8	4	9	6
8	6	9	1	4	3	2	7	5
7	2	4	9	5	6	8	3	1
6	9	2	8	3	4	5	1	7
5	1	3	7	9	2	6	8	4
4	7	8	6	1	5	9	2	3
9	4	6	3	2	7	1	5	8
1	8	7	5	6	9	3	4	2
2	3	5	4	8	1	7	6	9

SUDO-WHAT? ANSWERS

5 SUDO-WHAT?

9	2	4	3	5	1	8	7	6
1	7	6	8	4	9	3	5	2
5	8	3	6	7	2	4	1	9
4	6	9	2	3	7	5	8	1
2	5	1	4	8	6	9	3	7
8	3	7	1	9	5	2	6	4
7	9	8	5	1	4	6	2	3
3	4	2	7	6	8	1	9	5
6	1	5	9	2	3	7	4	8

6 SUDO-WHAT?

1	5	3	7	2	6	4	8	9
9	4	7	1	3	8	6	5	2
8	2	6	4	9	5	7	3	1
7	9	4	2	5	1	3	6	8
5	6	2	3	8	4	9	1	7
3	1	8	9	6	7	2	4	5
2	8	9	6	1	3	5	7	4
4	3	5	8	7	9	1	2	6
6	7	1	5	4	2	8	9	3

7 SUDO-WHAT?

9	8	7	4	1	2	3	5	6
2	5	1	3	6	7	8	9	4
6	3	4	5	9	8	1	2	7
5	1	9	8	4	6	2	7	3
4	2	3	9	7	5	6	1	8
8	7	6	2	3	1	5	4	9
1	6	8	7	5	4	9	3	2
7	9	5	6	2	3	4	8	1
3	4	2	1	8	9	7	6	5

8 SUDO-WHAT?

4	5	1	2	7	6	3	8	9
7	3	8	5	9	1	2	6	4
6	2	9	8	3	4	5	7	1
3	8	6	4	5	7	1	9	2
5	7	2	1	8	9	4	3	6
9	1	4	3	6	2	7	5	8
2	6	3	7	4	8	9	1	5
1	9	7	6	2	5	8	4	3
8	4	5	9	1	3	6	2	7

SUDO-WHAT? ANSWERS

9 SUDO-WHAT?

5	2	7	9	1	6	3	4	8
1	6	3	8	5	4	7	9	2
4	8	9	7	3	2	6	5	1
8	9	1	3	6	5	4	2	7
2	3	5	4	7	8	9	1	6
6	7	4	1	2	9	5	8	3
9	4	6	2	8	3	1	7	5
3	1	2	5	9	7	8	6	4
7	5	8	6	4	1	2	3	9

10 SUDO-WHAT?

2	8	3	6	1	9	4	5	7
4	9	7	5	3	2	1	8	6
5	1	6	8	7	4	3	9	2
9	5	1	7	2	3	8	6	4
7	3	2	4	8	6	5	1	9
6	4	8	9	5	1	7	2	3
8	7	4	2	9	5	6	3	1
3	2	5	1	6	7	9	4	8
1	6	9	3	4	8	2	7	5

11 SUDO-WHAT?

6	5	8	9	3	1	7	2	4
3	9	7	6	2	4	8	5	1
4	2	1	7	5	8	6	9	3
9	8	3	4	7	6	5	1	2
2	7	5	1	9	3	4	6	8
1	6	4	5	8	2	9	3	7
8	3	6	2	4	9	1	7	5
5	1	2	8	6	7	3	4	9
7	4	9	3	1	5	2	8	6

12 SUDO-WHAT?

8	4	2	9	3	6	7	1	5
3	7	1	4	8	5	6	9	2
6	9	5	7	2	1	8	4	3
1	8	7	5	6	4	2	3	9
4	6	3	2	9	8	1	5	7
5	2	9	1	7	3	4	6	8
9	3	8	6	4	2	5	7	1
7	5	4	8	1	9	3	2	6
2	1	6	3	5	7	9	8	4

SUDO-WHAT? ANSWERS

13 SUDO-WHAT?

7	1	5	2	8	9	4	3	6
8	3	9	4	1	6	2	5	7
2	4	6	7	5	3	1	9	8
5	8	3	1	2	7	6	4	9
9	7	1	6	3	4	8	2	5
6	2	4	8	9	5	7	1	3
1	5	7	3	6	2	9	8	4
4	9	2	5	7	8	3	6	1
3	6	8	9	4	1	5	7	2

14 SUDO-WHAT?

4	8	7	5	2	3	9	6	1
9	5	6	8	1	7	2	3	4
2	3	1	6	4	9	7	5	8
3	7	4	2	6	1	8	9	5
6	9	5	4	7	8	3	1	2
1	2	8	3	9	5	4	7	6
8	6	9	1	3	4	5	2	7
7	4	2	9	5	6	1	8	3
5	1	3	7	8	2	6	4	9

15 SUDO-WHAT?

3	4	5	8	6	7	1	2	9
6	2	1	3	4	9	7	5	8
8	9	7	2	1	5	3	6	4
5	7	9	4	2	3	8	1	6
4	8	2	1	9	6	5	3	7
1	3	6	7	5	8	4	9	2
7	5	8	9	3	2	6	4	1
9	1	3	6	7	4	2	8	5
2	6	4	5	8	1	9	7	3

16 SUDO-WHAT?

9	8	6	7	3	2	1	4	5
5	2	3	9	4	1	8	6	7
1	4	7	6	5	8	3	9	2
8	3	4	2	9	5	7	1	6
6	1	2	4	7	3	5	8	9
7	5	9	8	1	6	2	3	4
3	7	5	1	6	4	9	2	8
4	9	8	3	2	7	6	5	1
2	6	1	5	8	9	4	7	3

SUDO-WHAT? ANSWERS

17 SUDO-WHAT?

1	5	4	6	2	7	9	3	8
6	2	3	8	1	9	7	5	4
7	9	8	3	4	5	2	6	1
2	7	1	4	3	8	5	9	6
8	3	6	9	5	1	4	2	7
5	4	9	2	7	6	8	1	3
3	6	5	7	8	2	1	4	9
9	1	7	5	6	4	3	8	2
4	8	2	1	9	3	6	7	5

18 SUDO-WHAT?

7	5	6	9	1	8	4	2	3
9	4	1	2	3	5	6	8	7
3	8	2	4	7	6	1	5	9
2	3	5	1	4	7	8	9	6
6	1	9	8	5	2	3	7	4
4	7	8	6	9	3	5	1	2
8	2	4	7	6	1	9	3	5
1	9	3	5	2	4	7	6	8
5	6	7	3	8	9	2	4	1

19 SUDO-WHAT?

5	8	9	6	7	4	1	3	2
6	2	4	1	5	3	9	8	7
3	7	1	9	8	2	4	6	5
9	4	7	8	2	6	5	1	3
8	6	3	5	4	1	2	7	9
1	5	2	3	9	7	8	4	6
2	9	6	7	1	8	3	5	4
7	1	5	4	3	9	6	2	8
4	3	8	2	6	5	7	9	1

20 SUDO-WHAT?

6	3	7	4	1	8	9	5	2
4	1	5	9	6	2	3	8	7
9	8	2	3	5	7	1	6	4
2	7	4	6	9	3	8	1	5
8	5	9	7	2	1	6	4	3
3	6	1	8	4	5	7	2	9
5	2	6	1	7	9	4	3	8
7	4	3	5	8	6	2	9	1
1	9	8	2	3	4	5	7	6

SUDO-WHAT? ANSWERS

8	6	4	5	3	9	1	2	7
1	9	5	6	2	7	8	3	4
7	2	3	1	8	4	6	5	9
9	8	2	7	1	5	4	6	3
5	3	6	9	4	8	7	1	2
4	1	7	2	6	3	9	8	5
3	5	8	4	7	6	2	9	1
2	4	9	8	5	1	3	7	6
6	7	1	3	9	2	5	4	8

8	4	1	7	3	5	9	6	2
6	2	3	9	1	8	4	5	7
7	5	9	6	2	4	8	3	1
4	8	5	2	9	1	6	7	3
1	3	2	8	7	6	5	9	4
9	6	7	4	5	3	1	2	8
5	7	8	1	6	2	3	4	9
3	9	4	5	8	7	2	1	6
2	1	6	3	4	9	7	8	5

4	3	1	9	8	2	6	7	5
5	2	8	1	7	6	4	3	9
7	9	6	5	4	3	8	2	1
3	7	5	6	9	4	1	8	2
6	1	2	8	5	7	9	4	3
8	4	9	2	3	1	5	6	7
2	6	4	7	1	9	3	5	8
9	5	3	4	2	8	7	1	6
1	8	7	3	6	5	2	9	4

8	6	1	4	3	2	9	5	7
2	7	5	9	8	1	6	3	4
9	3	4	5	6	7	1	8	2
7	4	9	6	1	5	3	2	8
6	2	8	3	7	9	4	1	5
5	1	3	8	2	4	7	6	9
4	5	2	1	9	3	8	7	6
3	8	7	2	4	6	5	9	1
1	9	6	7	5	8	2	4	3

SUDO-WHAT? ANSWERS

1	9	4	7	3	2	5	8	6
2	7	8	5	1	6	3	9	4
6	3	5	9	4	8	7	1	2
4	1	7	3	2	9	6	5	8
3	8	6	4	5	1	2	7	9
9	5	2	8	6	7	1	4	3
7	4	3	6	9	5	8	2	1
8	2	9	1	7	3	4	6	5
5	6	1	2	8	4	9	3	7

6	4	7	8	9	2	1	5	3
9	8	2	1	5	3	4	6	7
5	1	3	7	6	4	8	2	9
3	9	8	5	2	1	7	4	6
4	5	1	6	3	7	9	8	2
7	2	6	9	4	8	5	3	1
1	3	5	4	7	6	2	9	8
2	7	9	3	8	5	6	1	4
8	6	4	2	1	9	3	7	5

27 SUDO-WHAT?

2	8	7	6	1	9	4	3	5
1	5	3	4	2	7	9	6	8
4	9	6	8	3	5	2	7	1
3	1	8	9	6	4	7	5	2
7	6	4	2	5	1	8	9	3
9	2	5	7	8	3	1	4	6
5	3	9	1	4	8	6	2	7
8	4	2	3	7	6	5	1	9
6	7	1	5	9	2	3	8	4

28 SUDO-WHAT?

1	2	7	8	4	6	3	9	5
8	9	3	5	2	1	7	6	4
4	5	6	9	7	3	2	1	8
3	8	9	7	1	2	4	5	6
2	7	1	6	5	4	8	3	9
5	6	4	3	8	9	1	2	7
6	3	8	2	9	7	5	4	1
9	4	5	1	3	8	6	7	2
7	1	2	4	6	5	9	8	3

SUDO-WHAT? ANSWERS

4	7	6	9	2	3	1	5	8
1	5	8	4	7	6	2	9	3
3	9	2	1	8	5	4	6	7
6	3	7	5	4	2	9	8	1
9	8	1	6	3	7	5	2	4
5	2	4	8	9	1	7	3	6
2	4	9	3	1	8	6	7	5
7	6	3	2	5	4	8	1	9
8	1	5	7	6	9	3	4	2

4	1	3	7	8	6	9	2	5
6	5	9	3	2	1	7	4	8
8	7	2	9	5	4	6	1	3
5	2	1	4	9	8	3	7	6
9	6	7	5	1	3	4	8	2
3	8	4	2	6	7	1	5	9
7	4	5	6	3	2	8	9	1
1	9	6	8	7	5	2	3	4
2	3	8	1	4	9	5	6	7

31 SUDO-WHAT?

4	2	1	6	8	9	3	5	7
5	7	6	4	2	3	9	1	8
3	9	8	1	5	7	6	4	2
7	8	3	2	6	1	4	9	5
1	4	2	5	9	8	7	3	6
9	6	5	7	3	4	8	2	1
2	1	9	8	4	6	5	7	3
8	3	7	9	1	5	2	6	4
6	5	4	3	7	2	1	8	9

32 SUDO-WHAT?

2	1	4	3	5	9	8	7	6
9	6	7	2	1	8	5	4	3
5	8	3	6	7	4	1	9	2
3	9	2	1	8	5	4	6	7
7	5	6	4	3	2	9	1	8
8	4	1	9	6	7	3	2	5
4	3	9	8	2	6	7	5	1
6	7	8	5	4	1	2	3	9
1	2	5	7	9	3	6	8	4

SUDO-WHAT? ANSWERS

8	2	1	7	4	6	3	9	5
7	4	9	5	3	8	6	2	1
5	6	3	9	1	2	8	7	4
2	3	5	8	7	4	9	1	6
6	9	7	1	5	3	2	4	8
4	1	8	2	6	9	7	5	3
1	7	2	3	8	5	4	6	9
9	8	4	6	2	1	5	3	7
3	5	6	4	9	7	1	8	2

3	2	6	4	1	9	7	5	8
4	9	5	6	7	8	2	1	3
8	1	7	5	3	2	9	4	6
9	8	3	1	2	4	6	7	5
2	6	4	8	5	7	3	9	1
5	7	1	9	6	3	4	8	2
1	3	9	2	4	5	8	6	7
6	4	2	7	8	1	5	3	9
7	5	8	3	9	6	1	2	4

2	4	8	1	3	6	5	9	7
1	7	6	9	2	5	4	3	8
3	9	5	8	4	7	2	6	1
8	1	4	2	6	3	7	5	9
6	2	7	5	9	8	1	4	3
5	3	9	7	1	4	6	8	2
9	6	2	3	5	1	8	7	4
4	8	3	6	7	2	9	1	5
7	5	1	4	8	9	3	2	6

4	8	6	9	5	7	3	2	1
5	1	2	3	6	4	9	8	7
7	9	3	8	2	1	5	4	6
9	5	4	2	7	8	6	1	3
8	6	1	4	3	9	2	7	5
2	3	7	5	1	6	8	9	4
3	4	9	7	8	5	1	6	2
6	2	8	1	4	3	7	5	9
1	7	5	6	9	2	4	3	8

SUDO-WHAT? ANSWERS

3	8	1	2	6	5	7	4	9
9	2	5	7	3	4	1	8	6
6	4	7	1	8	9	5	3	2
7	6	8	3	5	2	4	9	1
5	9	4	8	1	6	2	7	3
1	3	2	4	9	7	6	5	8
4	1	9	5	2	3	8	6	7
2	7	6	9	4	8	3	1	5
8	5	3	6	7	1	9	2	4

7	6	8	2	1	5	3	4	9
9	3	1	4	7	8	5	6	2
2	5	4	6	3	9	8	7	1
4	8	5	1	6	2	7	9	3
1	9	3	7	8	4	6	2	5
6	2	7	9	5	3	4	1	8
8	7	6	5	9	1	2	3	4
5	4	9	3	2	6	1	8	7
3	1	2	8	4	7	9	5	6

8	6	2	1	3	4	9	7	5
7	9	4	2	5	8	3	1	6
5	3	1	6	9	7	2	8	4
1	4	3	7	2	9	6	5	8
6	8	7	5	1	3	4	2	9
2	5	9	4	8	6	1	3	7
9	7	5	3	4	1	8	6	2
3	2	8	9	6	5	7	4	1
4	1	6	8	7	2	5	9	3

7	5	3	9	6	2	1	8	4
6	4	1	3	8	5	2	7	9
8	9	2	4	7	1	6	5	3
9	7	4	6	1	3	5	2	8
2	3	6	5	4	8	9	1	7
5	1	8	7	2	9	3	4	6
1	2	9	8	3	4	7	6	5
4	6	5	1	9	7	8	3	2
3	8	7	2	5	6	4	9	1

SUDO-WHAT? ANSWERS

8	5	6	4	9	1	7	3	2
7	9	2	5	8	3	6	4	1
1	4	3	7	6	2	5	9	8
3	6	4	1	2	9	8	5	7
9	2	7	8	4	5	1	6	3
5	1	8	3	7	6	9	2	4
2	8	9	6	3	7	4	1	5
4	3	1	9	5	8	2	7	6
6	7	5	2	1	4	3	8	9

7	3	8	5	6	2	4	1	9
2	6	4	1	9	7	5	8	3
5	1	9	3	4	8	6	2	7
1	8	2	7	3	6	9	5	4
6	9	5	8	1	4	7	3	2
3	4	7	2	5	9	1	6	8
9	7	3	6	2	1	8	4	5
4	2	1	9	8	5	3	7	6
8	5	6	4	7	3	2	9	1

43 SUDO-WHAT?

8	2	9	7	5	3	1	6	4
5	3	1	4	9	6	2	8	7
7	6	4	2	8	1	5	9	3
3	5	2	6	1	4	9	7	8
9	4	8	5	3	7	6	2	1
6	1	7	8	2	9	3	4	5
1	9	6	3	7	8	4	5	2
2	7	3	9	4	5	8	1	6
4	8	5	1	6	2	7	3	9

44 SUDO-WHAT?

7	4	2	6	3	5	9	1	8
3	9	5	8	1	7	6	2	4
6	1	8	2	9	4	7	5	3
9	8	3	1	5	2	4	7	6
4	7	1	9	6	8	5	3	2
2	5	6	4	7	3	8	9	1
8	2	9	5	4	1	3	6	7
1	6	7	3	8	9	2	4	5
5	3	4	7	2	6	1	8	9

SUDO-WHAT? ANSWERS

1	3	8	2	6	9	4	7	5
9	6	7	5	4	3	8	1	2
2	5	4	8	7	1	6	9	3
6	2	1	9	5	4	7	3	8
4	9	5	3	8	7	1	2	6
8	7	3	6	1	2	5	4	9
5	1	2	7	9	8	3	6	4
7	8	9	4	3	6	2	5	1
3	4	6	1	2	5	9	8	7

8	4	5	9	3	1	2	7	6
6	7	3	5	4	2	1	9	8
2	1	9	6	7	8	4	5	3
1	8	4	3	2	5	9	6	7
3	6	2	8	9	7	5	1	4
5	9	7	4	1	6	8	3	2
7	2	6	1	8	9	3	4	5
9	3	8	7	5	4	6	2	1
4	5	1	2	6	3	7	8	9

47 SUDO-WHAT?

8	3	1	6	7	9	2	5	4
2	6	5	8	1	4	3	7	9
7	9	4	5	2	3	8	1	6
5	8	6	9	4	7	1	3	2
1	7	9	2	3	5	4	6	8
3	4	2	1	8	6	5	9	7
9	1	7	4	5	8	6	2	3
6	5	8	3	9	2	7	4	1
4	2	3	7	6	1	9	8	5

48 SUDO-WHAT?

8	4	9	7	6	3	1	5	2
6	3	5	9	2	1	4	8	7
1	2	7	8	4	5	6	9	3
7	9	2	6	5	8	3	4	1
3	1	8	2	9	4	7	6	5
5	6	4	1	3	7	8	2	9
2	8	3	4	7	9	5	1	6
4	7	6	5	1	2	9	3	8
9	5	1	3	8	6	2	7	4

4	3	9	2	7	1	8	6	5
8	6	2	4	9	5	3	7	1
7	5	1	3	6	8	2	9	4
2	9	6	8	4	3	1	5	7
3	4	5	7	1	6	9	8	2
1	8	7	5	2	9	6	4	3
9	7	3	6	5	2	4	1	8
6	2	4	1	8	7	5	3	9
5	1	8	9	3	4	7	2	6

8	4	7	9	6	1	2	3	5
5	9	1	2	4	3	6	8	7
2	3	6	7	5	8	4	9	1
7	5	3	1	2	4	9	6	8
6	8	2	3	9	5	7	1	4
9	1	4	8	7	6	5	2	3
1	2	5	4	8	9	3	7	6
3	6	9	5	1	7	8	4	2
4	7	8	6	3	2	1	5	9

8	1	2	7	6	9	4	5	3
4	3	7	5	8	2	1	6	9
6	5	9	3	4	1	2	8	7
2	7	8	6	5	3	9	4	1
3	6	5	1	9	4	7	2	8
9	4	1	2	7	8	5	3	6
1	9	3	4	2	6	8	7	5
5	2	6	8	1	7	3	9	4
7	8	4	9	3	5	6	1	2

2	8	5	7	1	9	4	3	6
4	1	6	5	3	8	9	7	2
3	7	9	2	6	4	5	8	1
9	2	8	4	7	1	3	6	5
5	4	7	3	9	6	2	1	8
1	6	3	8	2	5	7	9	4
7	5	1	6	4	3	8	2	9
8	9	2	1	5	7	6	4	3
6	3	4	9	8	2	1	5	7

SUDO-WHAT? | ANSWERS

53 SUDO-WHAT?

2	6	8	5	4	7	3	9	1
1	5	9	3	6	2	8	4	7
7	3	4	1	9	8	5	6	2
8	4	3	9	1	6	7	2	5
9	1	6	2	7	5	4	3	8
5	7	2	8	3	4	9	1	6
3	2	1	7	8	9	6	5	4
6	8	5	4	2	3	1	7	9
4	9	7	6	5	1	2	8	3

54 SUDO-WHAT?

6	5	4	7	2	8	1	3	9
2	9	8	1	6	3	5	7	4
7	3	1	9	5	4	8	2	6
8	1	5	4	7	2	6	9	3
9	7	2	3	8	6	4	5	1
3	4	6	5	1	9	2	8	7
1	2	9	8	4	7	3	6	5
4	8	7	6	3	5	9	1	2
5	6	3	2	9	1	7	4	8

55 SUDO-WHAT?

4	7	8	6	1	9	2	5	3
1	3	2	5	8	7	6	9	4
6	5	9	2	4	3	7	8	1
9	6	3	4	7	8	5	1	2
8	2	4	1	5	6	9	3	7
7	1	5	3	9	2	8	4	6
2	9	6	8	3	4	1	7	5
5	4	7	9	6	1	3	2	8
3	8	1	7	2	5	4	6	9

56 SUDO-WHAT?

6	2	1	5	9	7	8	3	4
5	9	7	3	4	8	1	6	2
4	3	8	1	6	2	5	9	7
7	5	4	2	3	6	9	1	8
3	6	2	9	8	1	4	7	5
8	1	9	4	7	5	6	2	3
9	7	5	8	1	3	2	4	6
1	8	6	7	2	4	3	5	9
2	4	3	6	5	9	7	8	1

SUDO-WHAT? ANSWERS

57 SUDO-WHAT?

3	5	7	1	2	4	6	8	9
1	9	6	5	7	8	3	2	4
8	4	2	3	6	9	7	1	5
7	6	4	9	1	2	8	5	3
2	8	3	7	5	6	9	4	1
9	1	5	4	8	3	2	7	6
5	2	8	6	3	1	4	9	7
4	3	1	8	9	7	5	6	2
6	7	9	2	4	5	1	3	8

58 SUDO-WHAT?

2	7	4	1	3	8	5	9	6
1	8	9	5	2	6	7	4	3
6	3	5	4	9	7	8	2	1
7	5	6	8	4	9	1	3	2
8	9	3	2	5	1	4	6	7
4	2	1	6	7	3	9	8	5
3	4	8	7	6	5	2	1	9
9	1	7	3	8	2	6	5	4
5	6	2	9	1	4	3	7	8

59 SUDO-WHAT?

8	5	3	7	2	1	9	4	6
2	4	9	6	3	5	7	1	8
7	6	1	9	4	8	3	2	5
1	3	7	8	5	4	6	9	2
5	8	4	2	9	6	1	7	3
9	2	6	1	7	3	8	5	4
6	7	8	4	1	2	5	3	9
3	9	2	5	8	7	4	6	1
4	1	5	3	6	9	2	8	7

60 SUDO-WHAT?

7	6	5	2	8	9	3	4	1
2	8	9	1	4	3	7	6	5
3	1	4	6	5	7	2	9	8
6	4	3	5	7	8	1	2	9
8	5	2	9	3	1	6	7	4
1	9	7	4	6	2	5	8	3
4	7	8	3	1	6	9	5	2
5	2	1	7	9	4	8	3	6
9	3	6	8	2	5	4	1	7

SUDO-WHAT? ANSWERS

61 SUDO-WHAT?

8	7	6	4	9	2	5	3	1
3	1	5	8	7	6	2	9	4
4	9	2	3	5	1	6	8	7
9	5	7	2	3	4	1	6	8
1	4	3	7	6	8	9	2	5
6	2	8	9	1	5	7	4	3
2	3	1	5	8	9	4	7	6
7	6	4	1	2	3	8	5	9
5	8	9	6	4	7	3	1	2

62 SUDO-WHAT?

4	1	2	6	5	9	7	8	3
5	6	3	7	4	8	9	1	2
7	8	9	3	2	1	4	5	6
3	9	8	1	7	2	5	6	4
6	4	7	9	3	5	1	2	8
1	2	5	4	8	6	3	7	9
2	3	4	5	6	7	8	9	1
9	5	6	8	1	3	2	4	7
8	7	1	2	9	4	6	3	5

63 SUDO-WHAT?

9	6	7	4	2	5	1	8	3
1	5	8	3	7	6	2	4	9
4	3	2	1	9	8	6	7	5
7	8	4	2	3	1	5	9	6
3	9	1	6	5	7	8	2	4
5	2	6	8	4	9	3	1	7
6	4	9	5	1	2	7	3	8
2	7	5	9	8	3	4	6	1
8	1	3	7	6	4	9	5	2

64 SUDO-WHAT?

4	1	6	5	3	8	9	2	7
2	8	9	4	7	6	1	3	5
3	7	5	9	1	2	4	8	6
8	5	3	7	6	4	2	1	9
1	6	2	8	9	3	5	7	4
7	9	4	1	2	5	3	6	8
6	4	1	2	8	9	7	5	3
5	2	8	3	4	7	6	9	1
9	3	7	6	5	1	8	4	2

SUDO-WHAT?   ANSWERS

65 SUDO-WHAT?

8	2	5	3	6	7	1	4	9
4	1	7	5	8	9	6	3	2
9	3	6	2	1	4	5	8	7
2	6	9	8	4	1	3	7	5
1	7	4	9	3	5	2	6	8
5	8	3	6	7	2	9	1	4
3	5	1	7	9	8	4	2	6
7	4	2	1	5	6	8	9	3
6	9	8	4	2	3	7	5	1

66 SUDO-WHAT?

7	8	5	3	6	9	2	1	4
1	9	3	7	2	4	8	5	6
4	2	6	1	8	5	9	3	7
8	1	7	4	9	3	5	6	2
3	6	9	5	1	2	4	7	8
2	5	4	6	7	8	3	9	1
5	4	1	8	3	6	7	2	9
9	7	8	2	5	1	6	4	3
6	3	2	9	4	7	1	8	5

67 SUDO-WHAT?

6	8	1	9	5	4	3	2	7
9	5	2	7	3	8	1	6	4
4	3	7	1	6	2	9	8	5
8	7	6	5	4	1	2	3	9
1	4	5	2	9	3	6	7	8
3	2	9	6	8	7	4	5	1
5	1	3	4	7	6	8	9	2
2	9	8	3	1	5	7	4	6
7	6	4	8	2	9	5	1	3

68 SUDO-WHAT?

8	9	5	1	4	3	2	6	7
2	1	3	6	7	8	9	5	4
7	6	4	5	2	9	3	8	1
1	8	7	3	6	2	4	9	5
5	4	6	9	8	7	1	3	2
9	3	2	4	5	1	6	7	8
3	7	1	8	9	4	5	2	6
4	5	8	2	3	6	7	1	9
6	2	9	7	1	5	8	4	3

SUDO-WHAT? ANSWERS

4	8	1	5	9	7	3	6	2
2	7	3	8	4	6	9	5	1
5	6	9	1	2	3	8	7	4
9	3	2	4	1	5	7	8	6
6	4	5	7	8	2	1	9	3
8	1	7	3	6	9	4	2	5
1	9	4	2	5	8	6	3	7
7	2	8	6	3	1	5	4	9
3	5	6	9	7	4	2	1	8

2	8	5	7	1	6	4	9	3
4	7	6	3	2	9	1	5	8
3	1	9	8	4	5	2	7	6
5	9	4	6	8	3	7	1	2
7	6	1	2	9	4	8	3	5
8	3	2	1	5	7	9	6	4
1	2	3	5	7	8	6	4	9
9	5	8	4	6	1	3	2	7
6	4	7	9	3	2	5	8	1

71 SUDO-WHAT?

1	8	5	9	7	6	2	3	4
9	6	4	5	2	3	8	7	1
2	7	3	4	8	1	5	9	6
3	2	9	1	5	4	6	8	7
5	1	6	8	9	7	3	4	2
8	4	7	3	6	2	1	5	9
7	5	8	2	1	9	4	6	3
4	9	2	6	3	8	7	1	5
6	3	1	7	4	5	9	2	8

72 SUDO-WHAT?

6	2	1	9	7	8	4	5	3
3	7	5	6	4	2	1	8	9
4	9	8	5	1	3	2	6	7
5	4	2	3	9	1	8	7	6
1	6	7	8	2	5	9	3	4
8	3	9	7	6	4	5	2	1
9	5	4	2	3	6	7	1	8
2	1	6	4	8	7	3	9	5
7	8	3	1	5	9	6	4	2

SUDO-WHAT? ANSWERS

2	9	8	3	5	4	7	1	6
4	6	3	8	1	7	5	2	9
1	5	7	2	6	9	4	8	3
7	8	2	1	4	6	9	3	5
3	1	6	5	9	8	2	7	4
9	4	5	7	3	2	8	6	1
5	2	9	6	8	1	3	4	7
8	3	1	4	7	5	6	9	2
6	7	4	9	2	3	1	5	8

5	3	6	4	7	2	9	1	8
9	2	4	1	8	6	3	5	7
7	8	1	3	5	9	2	4	6
3	1	2	6	9	4	7	8	5
6	9	7	8	3	5	4	2	1
4	5	8	2	1	7	6	3	9
2	4	5	7	6	1	8	9	3
1	6	3	9	4	8	5	7	2
8	7	9	5	2	3	1	6	4

6	3	7	4	8	5	2	9	1
5	8	2	3	1	9	7	4	6
9	1	4	7	6	2	8	3	5
8	4	9	6	5	7	1	2	3
3	7	1	2	4	8	6	5	9
2	5	6	1	9	3	4	7	8
1	2	8	5	3	4	9	6	7
4	6	3	9	7	1	5	8	2
7	9	5	8	2	6	3	1	4

9	6	8	2	3	5	4	1	7
2	1	5	7	8	4	3	6	9
3	7	4	9	6	1	5	2	8
4	8	1	3	2	9	7	5	6
6	3	7	5	4	8	2	9	1
5	2	9	6	1	7	8	4	3
7	9	3	4	5	6	1	8	2
8	5	2	1	9	3	6	7	4
1	4	6	8	7	2	9	3	5

SUDO-WHAT?   ANSWERS

6	9	2	1	4	7	5	8	3
7	4	1	3	5	8	2	9	6
8	3	5	2	6	9	4	1	7
9	5	8	6	1	3	7	4	2
1	7	4	8	2	5	3	6	9
3	2	6	7	9	4	1	5	8
2	1	9	5	7	6	8	3	4
5	6	3	4	8	2	9	7	1
4	8	7	9	3	1	6	2	5

6	7	1	9	2	5	3	4	8
4	5	9	8	3	1	6	7	2
2	3	8	4	7	6	5	1	9
8	2	5	7	6	3	1	9	4
7	6	4	1	8	9	2	5	3
1	9	3	5	4	2	7	8	6
5	1	6	3	9	8	4	2	7
9	4	2	6	1	7	8	3	5
3	8	7	2	5	4	9	6	1

1	3	9	4	8	5	6	7	2
6	4	8	9	2	7	3	1	5
7	5	2	1	6	3	4	9	8
2	9	5	3	7	1	8	4	6
4	6	1	2	9	8	5	3	7
3	8	7	6	5	4	1	2	9
5	1	6	7	4	2	9	8	3
8	2	3	5	1	9	7	6	4
9	7	4	8	3	6	2	5	1

7	3	8	4	2	9	1	6	5
5	2	9	6	1	7	4	8	3
4	1	6	5	8	3	7	2	9
2	5	1	8	9	4	6	3	7
6	4	7	2	3	1	9	5	8
9	8	3	7	5	6	2	4	1
3	6	4	1	7	8	5	9	2
8	7	5	9	6	2	3	1	4
1	9	2	3	4	5	8	7	6

SUDO-WHAT? ANSWERS

81 SUDO-WHAT?

8	9	7	4	1	5	2	6	3
6	4	5	2	8	3	1	7	9
3	1	2	9	7	6	5	8	4
7	5	3	6	4	1	8	9	2
9	2	8	5	3	7	6	4	1
1	6	4	8	2	9	7	3	5
5	8	9	3	6	2	4	1	7
2	7	6	1	9	4	3	5	8
4	3	1	7	5	8	9	2	6

82 SUDO-WHAT?

5	2	4	9	7	1	8	6	3
8	9	6	2	3	5	4	1	7
1	3	7	6	4	8	2	5	9
4	8	3	5	6	7	9	2	1
6	7	1	8	9	2	3	4	5
9	5	2	3	1	4	7	8	6
3	1	8	7	2	6	5	9	4
7	6	5	4	8	9	1	3	2
2	4	9	1	5	3	6	7	8

83 SUDO-WHAT?

8	6	9	1	5	4	7	2	3
7	1	5	6	2	3	9	8	4
4	2	3	8	9	7	1	6	5
3	7	6	4	1	8	5	9	2
1	8	2	9	7	5	4	3	6
5	9	4	3	6	2	8	1	7
9	3	1	7	4	6	2	5	8
2	4	8	5	3	9	6	7	1
6	5	7	2	8	1	3	4	9

84 SUDO-WHAT?

1	8	4	2	3	9	7	5	6
3	9	6	4	5	7	2	8	1
5	7	2	1	8	6	9	4	3
2	5	7	6	1	4	3	9	8
4	1	9	8	7	3	6	2	5
6	3	8	9	2	5	4	1	7
7	2	3	5	9	1	8	6	4
9	6	1	3	4	8	5	7	2
8	4	5	7	6	2	1	3	9

SUDO-WHAT? ANSWERS

4	9	3	7	8	1	5	6	2
5	8	6	9	4	2	7	3	1
7	1	2	3	6	5	8	9	4
3	7	5	8	1	6	4	2	9
6	2	8	4	5	9	1	7	3
9	4	1	2	7	3	6	8	5
8	6	9	1	3	4	2	5	7
1	3	7	5	2	8	9	4	6
2	5	4	6	9	7	3	1	8

7	5	4	6	9	2	8	3	1
8	3	2	5	4	1	6	9	7
1	9	6	7	8	3	4	2	5
3	8	7	2	6	9	5	1	4
4	1	9	8	3	5	2	7	6
2	6	5	4	1	7	9	8	3
5	4	3	9	7	8	1	6	2
9	2	1	3	5	6	7	4	8
6	7	8	1	2	4	3	5	9

3	7	4	8	5	6	2	9	1
9	2	5	1	4	3	6	7	8
8	6	1	7	9	2	5	4	3
5	4	9	2	3	1	7	8	6
6	3	8	5	7	9	4	1	2
7	1	2	6	8	4	9	3	5
4	9	6	3	1	5	8	2	7
1	5	7	9	2	8	3	6	4
2	8	3	4	6	7	1	5	9

5	9	4	7	3	8	2	1	6
8	2	6	5	1	4	7	9	3
1	3	7	6	2	9	4	8	5
3	1	2	8	5	7	6	4	9
6	8	5	4	9	3	1	2	7
4	7	9	1	6	2	5	3	8
7	4	1	3	8	6	9	5	2
9	5	8	2	7	1	3	6	4
2	6	3	9	4	5	8	7	1

SUDO-WHAT?   ANSWERS

89 SUDO-WHAT?

1	6	5	4	3	7	2	9	8
2	7	4	8	1	9	3	5	6
8	9	3	5	2	6	4	1	7
5	4	9	1	7	2	8	6	3
7	1	6	3	9	8	5	4	2
3	2	8	6	4	5	1	7	9
9	5	1	7	8	3	6	2	4
4	8	7	2	6	1	9	3	5
6	3	2	9	5	4	7	8	1

90 SUDO-WHAT?

7	3	8	9	4	6	5	2	1
5	1	2	8	7	3	9	6	4
6	4	9	2	1	5	7	8	3
1	2	4	5	6	9	3	7	8
9	5	3	4	8	7	6	1	2
8	6	7	3	2	1	4	9	5
3	8	5	6	9	2	1	4	7
4	9	1	7	5	8	2	3	6
2	7	6	1	3	4	8	5	9

91 SUDO-WHAT?

1	5	7	9	6	4	2	8	3
9	2	6	5	3	8	7	1	4
8	4	3	7	2	1	9	5	6
3	6	5	4	1	2	8	7	9
7	9	4	8	5	3	6	2	1
2	8	1	6	9	7	3	4	5
4	1	9	2	8	6	5	3	7
6	3	2	1	7	5	4	9	8
5	7	8	3	4	9	1	6	2

92 SUDO-WHAT?

4	3	2	5	1	8	7	6	9
6	1	8	4	9	7	2	3	5
5	7	9	6	2	3	8	1	4
3	5	6	7	8	9	4	2	1
8	9	7	1	4	2	3	5	6
1	2	4	3	6	5	9	7	8
2	4	5	8	7	1	6	9	3
9	8	1	2	3	6	5	4	7
7	6	3	9	5	4	1	8	2

SUDO-WHAT? ANSWERS

93 SUDO-WHAT?

6	2	7	5	3	4	1	8	9
8	4	1	7	9	6	5	3	2
9	5	3	8	2	1	6	4	7
5	7	6	9	4	3	2	1	8
3	8	4	1	7	2	9	6	5
1	9	2	6	5	8	4	7	3
2	3	8	4	6	9	7	5	1
4	1	5	2	8	7	3	9	6
7	6	9	3	1	5	8	2	4

94 SUDO-WHAT?

4	9	5	6	7	2	8	1	3
6	8	3	1	4	9	5	7	2
1	7	2	3	5	8	9	4	6
8	1	7	9	6	5	2	3	4
9	3	6	4	2	1	7	5	8
2	5	4	8	3	7	6	9	1
5	4	9	2	1	6	3	8	7
3	2	8	7	9	4	1	6	5
7	6	1	5	8	3	4	2	9

95 SUDO-WHAT?

2	6	8	4	1	5	7	9	3
7	4	3	2	9	6	8	5	1
5	9	1	3	8	7	6	4	2
3	8	9	6	4	2	1	7	5
1	2	7	8	5	3	4	6	9
4	5	6	9	7	1	2	3	8
6	7	5	1	3	8	9	2	4
8	3	4	7	2	9	5	1	6
9	1	2	5	6	4	3	8	7

96 SUDO-WHAT?

1	5	7	2	3	4	8	9	6
6	9	4	8	7	5	2	1	3
2	8	3	6	1	9	7	5	4
9	2	1	7	6	3	5	4	8
4	6	5	9	2	8	1	3	7
3	7	8	4	5	1	9	6	2
7	3	6	1	9	2	4	8	5
8	1	2	5	4	6	3	7	9
5	4	9	3	8	7	6	2	1

SUDO-WHAT? ANSWERS

5	7	3	8	9	6	1	2	4
1	2	4	5	7	3	8	9	6
8	9	6	1	2	4	7	3	5
6	3	8	9	4	2	5	7	1
7	5	2	3	1	8	4	6	9
4	1	9	6	5	7	3	8	2
9	8	7	4	6	1	2	5	3
3	6	1	2	8	5	9	4	7
2	4	5	7	3	9	6	1	8

9	6	5	4	2	8	3	7	1
7	3	1	5	9	6	8	2	4
4	8	2	1	7	3	9	5	6
1	9	6	8	3	7	5	4	2
5	7	8	9	4	2	1	6	3
3	2	4	6	5	1	7	9	8
2	1	3	7	6	9	4	8	5
6	4	9	3	8	5	2	1	7
8	5	7	2	1	4	6	3	9

99 SUDO-WHAT?

5	7	4	2	1	6	8	3	9
2	6	1	8	3	9	5	4	7
8	9	3	5	7	4	1	6	2
6	4	8	9	2	7	3	1	5
1	2	9	3	6	5	7	8	4
7	3	5	4	8	1	9	2	6
4	1	7	6	5	8	2	9	3
9	5	2	1	4	3	6	7	8
3	8	6	7	9	2	4	5	1

100 SUDO-WHAT?

5	8	3	6	4	9	2	1	7
1	4	2	7	5	8	9	3	6
9	6	7	1	2	3	8	4	5
4	2	9	5	1	7	3	6	8
3	7	8	4	9	6	5	2	1
6	5	1	3	8	2	7	9	4
8	3	6	9	7	1	4	5	2
2	9	4	8	6	5	1	7	3
7	1	5	2	3	4	6	8	9

SUDO-WHAT?   ANSWERS

8	7	4	9	5	3	1	6	2
6	1	5	4	7	2	9	3	8
2	9	3	6	1	8	7	5	4
4	2	7	5	8	9	3	1	6
5	6	1	2	3	7	4	8	9
9	3	8	1	6	4	2	7	5
3	8	9	7	2	6	5	4	1
7	5	2	8	4	1	6	9	3
1	4	6	3	9	5	8	2	7

3	7	6	8	9	2	1	5	4
5	8	2	3	4	1	7	6	9
1	4	9	5	6	7	2	8	3
2	9	3	7	5	6	8	4	1
4	6	1	9	2	8	3	7	5
8	5	7	4	1	3	6	9	2
9	2	8	1	7	4	5	3	6
7	1	4	6	3	5	9	2	8
6	3	5	2	8	9	4	1	7

3 NOVICE

8	1	9	5	4	3	6	2	7
4	3	2	7	1	6	9	5	8
7	6	5	8	9	2	3	1	4
6	9	8	4	2	5	1	7	3
5	4	1	9	3	7	2	8	6
2	7	3	6	8	1	4	9	5
3	2	7	1	6	8	5	4	9
1	5	4	3	7	9	8	6	2
9	8	6	2	5	4	7	3	1

4 NOVICE

1	2	3	8	9	6	5	7	4
9	7	6	1	4	5	3	8	2
8	4	5	3	2	7	1	9	6
4	6	8	5	7	3	9	2	1
3	1	7	2	8	9	4	6	5
2	5	9	4	6	1	7	3	8
7	3	4	6	1	8	2	5	9
5	8	1	9	3	2	6	4	7
6	9	2	7	5	4	8	1	3

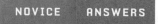

NOVICE ANSWERS

5 NOVICE

2	9	1	4	7	3	6	5	8
3	6	7	8	5	1	2	9	4
4	5	8	2	6	9	3	7	1
1	8	4	7	2	5	9	3	6
6	3	5	1	9	4	7	8	2
7	2	9	3	8	6	4	1	5
8	7	3	6	1	2	5	4	9
9	1	6	5	4	7	8	2	3
5	4	2	9	3	8	1	6	7

6 NOVICE

7	9	6	2	4	8	3	5	1
4	2	8	1	3	5	9	6	7
3	1	5	7	6	9	2	8	4
1	6	4	9	2	3	5	7	8
2	5	3	8	7	6	1	4	9
8	7	9	4	5	1	6	2	3
6	8	2	3	1	4	7	9	5
5	4	1	6	9	7	8	3	2
9	3	7	5	8	2	4	1	6

7 NOVICE

6	9	5	7	1	2	8	4	3
1	7	8	3	4	9	2	6	5
4	2	3	6	5	8	9	7	1
3	1	2	9	6	4	5	8	7
7	8	9	5	2	1	4	3	6
5	4	6	8	3	7	1	9	2
9	3	4	2	7	5	6	1	8
2	6	1	4	8	3	7	5	9
8	5	7	1	9	6	3	2	4

8 NOVICE

6	3	7	5	4	9	2	8	1
5	1	4	7	8	2	3	6	9
2	9	8	6	3	1	4	5	7
9	4	3	1	5	8	6	7	2
1	5	6	2	7	4	8	9	3
8	7	2	9	6	3	5	1	4
3	6	1	4	9	5	7	2	8
4	2	5	8	1	7	9	3	6
7	8	9	3	2	6	1	4	5

NOVICE ANSWERS

9 NOVICE

7	3	2	5	6	1	4	9	8
5	8	6	9	4	3	7	1	2
4	1	9	7	8	2	3	5	6
1	5	8	3	7	6	2	4	9
2	7	4	1	9	5	6	8	3
6	9	3	4	2	8	1	7	5
9	6	1	2	5	4	8	3	7
8	4	5	6	3	7	9	2	1
3	2	7	8	1	9	5	6	4

10 NOVICE

6	7	5	9	1	8	3	2	4
1	3	4	5	2	6	7	8	9
8	9	2	3	4	7	5	1	6
3	5	1	2	6	4	9	7	8
4	2	8	7	5	9	1	6	3
9	6	7	1	8	3	2	4	5
7	4	9	8	3	2	6	5	1
5	8	3	6	7	1	4	9	2
2	1	6	4	9	5	8	3	7

11 NOVICE

8	4	6	1	5	7	2	9	3
1	5	7	9	2	3	6	4	8
3	9	2	8	4	6	1	5	7
4	2	9	3	6	8	5	7	1
5	3	1	4	7	2	8	6	9
7	6	8	5	9	1	3	2	4
6	8	5	7	1	4	9	3	2
9	1	4	2	3	5	7	8	6
2	7	3	6	8	9	4	1	5

12 NOVICE

6	3	1	8	9	5	2	4	7
7	8	9	4	2	1	5	3	6
5	4	2	3	6	7	8	9	1
1	7	8	2	4	3	9	6	5
4	2	6	7	5	9	3	1	8
9	5	3	1	8	6	7	2	4
3	6	7	5	1	2	4	8	9
8	1	5	9	3	4	6	7	2
2	9	4	6	7	8	1	5	3

NOVICE   ANSWERS

3	9	1	2	8	7	5	4	6
7	8	6	5	4	3	9	1	2
2	4	5	6	1	9	8	7	3
8	7	2	3	5	1	4	6	9
4	1	9	7	6	8	2	3	5
6	5	3	4	9	2	7	8	1
5	3	8	1	2	4	6	9	7
1	2	4	9	7	6	3	5	8
9	6	7	8	3	5	1	2	4

7	4	3	1	6	2	5	9	8
5	9	8	4	3	7	1	2	6
2	6	1	9	5	8	4	3	7
8	1	5	2	4	9	7	6	3
4	3	7	6	8	5	2	1	9
6	2	9	3	7	1	8	4	5
3	8	4	7	2	6	9	5	1
9	7	6	5	1	4	3	8	2
1	5	2	8	9	3	6	7	4

9	3	8	7	1	4	2	5	6
1	2	7	5	6	3	8	4	9
5	4	6	2	9	8	1	3	7
8	5	3	4	7	1	6	9	2
6	1	4	9	5	2	7	8	3
2	7	9	3	8	6	5	1	4
3	9	5	1	2	7	4	6	8
7	6	1	8	4	9	3	2	5
4	8	2	6	3	5	9	7	1

4	3	8	7	2	1	9	6	5
5	1	9	6	3	4	8	7	2
6	2	7	8	5	9	4	1	3
2	9	6	5	4	3	7	8	1
1	8	3	9	7	6	5	2	4
7	4	5	2	1	8	6	3	9
3	5	4	1	6	7	2	9	8
9	7	2	3	8	5	1	4	6
8	6	1	4	9	2	3	5	7

NOVICE   ANSWERS

5	6	1	7	3	8	4	9	2
8	7	4	2	1	9	6	3	5
9	2	3	4	6	5	1	8	7
7	3	8	1	2	4	9	5	6
6	4	2	9	5	7	8	1	3
1	9	5	6	8	3	7	2	4
4	5	6	8	9	2	3	7	1
2	8	7	3	4	1	5	6	9
3	1	9	5	7	6	2	4	8

1	4	8	6	3	9	5	7	2
3	5	2	1	7	4	9	8	6
7	6	9	2	8	5	4	3	1
8	9	6	4	5	3	2	1	7
5	7	1	8	2	6	3	4	9
2	3	4	7	9	1	6	5	8
9	2	3	5	1	7	8	6	4
4	8	7	3	6	2	1	9	5
6	1	5	9	4	8	7	2	3

1	5	9	7	4	8	2	6	3
8	2	4	9	3	6	5	7	1
3	6	7	2	1	5	8	4	9
6	1	3	4	8	7	9	2	5
4	7	5	3	2	9	6	1	8
2	9	8	6	5	1	4	3	7
5	4	1	8	6	3	7	9	2
7	8	2	1	9	4	3	5	6
9	3	6	5	7	2	1	8	4

7	4	2	9	6	8	5	1	3
1	5	3	7	2	4	6	8	9
9	8	6	1	5	3	4	7	2
8	2	5	6	9	7	3	4	1
4	6	9	8	3	1	2	5	7
3	7	1	2	4	5	9	6	8
2	1	4	5	8	9	7	3	6
6	3	7	4	1	2	8	9	5
5	9	8	3	7	6	1	2	4

6	1	5	3	9	4	8	2	7
8	4	3	1	7	2	9	5	6
7	9	2	8	6	5	4	1	3
2	5	6	4	8	1	3	7	9
9	3	4	6	5	7	2	8	1
1	8	7	2	3	9	5	6	4
4	6	9	7	2	8	1	3	5
3	2	1	5	4	6	7	9	8
5	7	8	9	1	3	6	4	2

3	2	8	9	1	7	6	5	4
7	9	4	5	3	6	8	1	2
1	5	6	8	4	2	7	9	3
8	1	5	4	2	9	3	7	6
4	7	9	1	6	3	5	2	8
2	6	3	7	5	8	9	4	1
9	3	7	2	8	1	4	6	5
5	8	2	6	9	4	1	3	7
6	4	1	3	7	5	2	8	9

8	3	9	6	4	1	2	7	5
4	5	6	2	8	7	3	1	9
1	7	2	5	3	9	4	6	8
7	4	5	3	1	6	9	8	2
3	9	8	4	7	2	1	5	6
6	2	1	8	9	5	7	3	4
2	8	7	1	5	4	6	9	3
5	1	4	9	6	3	8	2	7
9	6	3	7	2	8	5	4	1

3	7	4	2	1	8	5	9	6
6	5	2	4	3	9	1	7	8
8	9	1	7	5	6	3	4	2
1	8	7	9	6	3	2	5	4
9	6	3	5	4	2	8	1	7
2	4	5	8	7	1	6	3	9
7	1	8	6	9	5	4	2	3
4	3	6	1	2	7	9	8	5
5	2	9	3	8	4	7	6	1

25 NOVICE

8	5	9	6	3	4	7	1	2
1	6	2	9	7	8	5	3	4
7	3	4	1	5	2	8	9	6
6	2	5	3	8	9	4	7	1
9	7	8	4	6	1	2	5	3
3	4	1	5	2	7	9	6	8
4	8	3	7	9	6	1	2	5
2	9	6	8	1	5	3	4	7
5	1	7	2	4	3	6	8	9

26 NOVICE

2	5	3	6	7	1	9	4	8
8	9	4	5	2	3	6	7	1
1	6	7	8	4	9	5	3	2
9	1	5	2	3	7	4	8	6
7	3	8	1	6	4	2	5	9
6	4	2	9	8	5	3	1	7
3	8	1	4	9	2	7	6	5
4	2	6	7	5	8	1	9	3
5	7	9	3	1	6	8	2	4

27 NOVICE

3	6	8	5	9	1	2	4	7
9	7	1	4	6	2	3	5	8
4	2	5	8	7	3	6	1	9
6	5	3	9	1	7	4	8	2
7	8	9	2	5	4	1	6	3
2	1	4	3	8	6	7	9	5
8	3	2	1	4	9	5	7	6
1	9	7	6	2	5	8	3	4
5	4	6	7	3	8	9	2	1

28 NOVICE

1	6	8	9	4	2	3	7	5
9	7	3	5	1	6	4	8	2
2	4	5	8	7	3	6	9	1
8	3	9	1	6	4	5	2	7
7	1	6	2	3	5	8	4	9
4	5	2	7	8	9	1	6	3
6	2	4	3	5	7	9	1	8
3	9	1	4	2	8	7	5	6
5	8	7	6	9	1	2	3	4

NOVICE ANSWERS

29 NOVICE

5	3	8	9	2	7	6	1	4
4	1	2	6	8	5	3	9	7
7	6	9	4	3	1	5	8	2
6	9	5	7	1	2	4	3	8
2	8	3	5	4	9	1	7	6
1	4	7	3	6	8	9	2	5
3	2	4	8	9	6	7	5	1
8	5	6	1	7	3	2	4	9
9	7	1	2	5	4	8	6	3

30 NOVICE

7	2	9	8	6	5	4	3	1
8	5	1	3	4	7	6	9	2
3	4	6	2	9	1	8	7	5
6	3	4	1	2	9	5	8	7
1	9	8	5	7	6	3	2	4
5	7	2	4	8	3	1	6	9
4	6	3	9	1	2	7	5	8
2	1	7	6	5	8	9	4	3
9	8	5	7	3	4	2	1	6

31 NOVICE

9	4	7	8	3	6	1	5	2
6	3	1	2	5	9	8	7	4
2	8	5	1	7	4	3	9	6
3	5	8	4	2	7	9	6	1
1	2	6	9	8	3	7	4	5
7	9	4	6	1	5	2	8	3
4	1	3	7	6	8	5	2	9
8	6	2	5	9	1	4	3	7
5	7	9	3	4	2	6	1	8

32 NOVICE

5	4	9	1	7	8	2	6	3
8	1	6	5	3	2	9	7	4
3	7	2	4	9	6	5	8	1
6	8	3	7	4	5	1	9	2
1	5	4	2	6	9	8	3	7
9	2	7	8	1	3	4	5	6
7	3	5	9	2	4	6	1	8
4	6	8	3	5	1	7	2	9
2	9	1	6	8	7	3	4	5

NOVICE   ANSWERS

4	2	8	3	9	1	6	5	7
3	7	9	5	6	4	1	2	8
1	5	6	8	2	7	3	4	9
6	1	2	7	5	9	8	3	4
8	9	3	6	4	2	5	7	1
7	4	5	1	3	8	9	6	2
2	3	4	9	1	5	7	8	6
5	8	1	2	7	6	4	9	3
9	6	7	4	8	3	2	1	5

4	9	8	5	3	7	2	1	6
3	5	7	1	2	6	9	4	8
1	2	6	9	8	4	3	7	5
2	4	1	6	9	8	5	3	7
9	8	3	7	4	5	1	6	2
6	7	5	3	1	2	8	9	4
5	3	4	2	7	1	6	8	9
7	1	2	8	6	9	4	5	3
8	6	9	4	5	3	7	2	1

9	1	6	7	4	5	8	2	3
4	5	2	3	8	6	7	1	9
8	7	3	9	1	2	6	4	5
2	9	7	1	5	3	4	6	8
1	6	8	4	7	9	3	5	2
3	4	5	2	6	8	9	7	1
6	3	4	8	2	1	5	9	7
5	2	9	6	3	7	1	8	4
7	8	1	5	9	4	2	3	6

2	1	7	4	6	8	5	3	9
3	9	4	7	5	2	1	8	6
5	6	8	3	1	9	7	2	4
7	4	5	6	8	3	9	1	2
1	2	3	9	4	7	6	5	8
6	8	9	5	2	1	4	7	3
9	3	1	2	7	6	8	4	5
8	5	6	1	3	4	2	9	7
4	7	2	8	9	5	3	6	1

NOVICE   ANSWERS

1	3	5	8	6	2	4	7	9
7	9	6	5	1	4	8	3	2
8	2	4	3	7	9	5	1	6
3	1	9	4	2	6	7	8	5
2	6	8	7	5	3	9	4	1
5	4	7	9	8	1	6	2	3
9	8	2	6	3	7	1	5	4
6	7	3	1	4	5	2	9	8
4	5	1	2	9	8	3	6	7

3	6	4	1	7	5	9	2	8
7	9	1	3	8	2	6	5	4
2	8	5	9	4	6	3	1	7
4	2	9	5	3	7	1	8	6
8	1	6	2	9	4	7	3	5
5	7	3	6	1	8	4	9	2
9	4	7	8	2	3	5	6	1
1	5	8	7	6	9	2	4	3
6	3	2	4	5	1	8	7	9

2	5	8	1	7	3	6	9	4
4	7	3	6	2	9	1	8	5
9	1	6	5	8	4	7	3	2
1	9	4	3	5	8	2	7	6
7	6	5	2	9	1	3	4	8
3	8	2	4	6	7	9	5	1
8	3	1	7	4	2	5	6	9
6	2	9	8	3	5	4	1	7
5	4	7	9	1	6	8	2	3

6	4	5	8	7	9	3	2	1
3	7	8	2	1	6	4	5	9
2	9	1	4	3	5	7	6	8
9	5	2	3	6	1	8	7	4
4	6	3	7	2	8	9	1	5
1	8	7	9	5	4	2	3	6
5	2	4	1	9	7	6	8	3
7	1	9	6	8	3	5	4	2
8	3	6	5	4	2	1	9	7

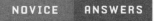

NOVICE ANSWERS

7	4	9	2	1	3	6	5	8
8	6	1	9	5	7	3	2	4
2	5	3	4	6	8	1	9	7
1	3	2	8	9	5	4	7	6
5	9	8	7	4	6	2	3	1
4	7	6	1	3	2	9	8	5
6	8	4	5	2	9	7	1	3
3	2	7	6	8	1	5	4	9
9	1	5	3	7	4	8	6	2

3	7	4	5	1	9	6	2	8
2	9	1	6	4	8	3	7	5
8	5	6	3	2	7	1	4	9
5	4	2	9	8	3	7	6	1
6	1	8	2	7	4	9	5	3
7	3	9	1	5	6	4	8	2
9	8	5	7	6	1	2	3	4
1	2	7	4	3	5	8	9	6
4	6	3	8	9	2	5	1	7

3	5	8	1	4	6	7	9	2
7	9	2	5	8	3	4	6	1
6	1	4	7	9	2	3	8	5
8	6	5	4	1	7	2	3	9
9	7	3	2	6	8	5	1	4
4	2	1	9	3	5	8	7	6
1	8	7	6	2	4	9	5	3
2	3	9	8	5	1	6	4	7
5	4	6	3	7	9	1	2	8

2	8	7	3	9	6	5	1	4
3	1	6	5	4	8	9	2	7
9	4	5	2	7	1	6	8	3
4	2	3	9	6	7	1	5	8
5	7	8	1	2	4	3	6	9
6	9	1	8	5	3	7	4	2
7	3	2	4	1	5	8	9	6
8	5	4	6	3	9	2	7	1
1	6	9	7	8	2	4	3	5

NOVICE   ANSWERS

6	3	8	9	2	5	7	4	1
1	7	4	3	6	8	5	2	9
5	2	9	1	4	7	6	3	8
9	4	1	8	7	2	3	5	6
2	6	5	4	3	1	9	8	7
7	8	3	5	9	6	2	1	4
4	5	7	6	1	3	8	9	2
8	9	2	7	5	4	1	6	3
3	1	6	2	8	9	4	7	5

4	6	1	8	2	7	5	9	3
7	3	5	1	6	9	4	2	8
2	8	9	3	5	4	7	1	6
8	7	3	4	1	5	2	6	9
9	2	4	6	3	8	1	5	7
5	1	6	7	9	2	8	3	4
3	4	2	9	7	1	6	8	5
6	5	8	2	4	3	9	7	1
1	9	7	5	8	6	3	4	2

47 NOVICE

8	6	9	2	4	5	3	1	7
3	5	2	7	1	6	9	4	8
7	4	1	9	8	3	2	6	5
4	3	8	1	9	2	5	7	6
6	1	7	3	5	8	4	2	9
2	9	5	4	6	7	1	8	3
5	2	6	8	3	4	7	9	1
1	8	4	5	7	9	6	3	2
9	7	3	6	2	1	8	5	4

48 NOVICE

8	2	7	3	5	9	6	1	4
9	5	3	1	4	6	7	8	2
1	6	4	7	8	2	3	5	9
4	8	2	9	6	5	1	3	7
6	7	1	4	3	8	9	2	5
3	9	5	2	1	7	4	6	8
7	1	9	8	2	3	5	4	6
2	3	6	5	7	4	8	9	1
5	4	8	6	9	1	2	7	3

NOVICE ANSWERS

4	3	5	6	8	1	7	9	2
7	2	9	3	5	4	8	1	6
8	6	1	7	9	2	5	4	3
6	1	3	8	2	7	9	5	4
9	8	2	1	4	5	3	6	7
5	7	4	9	3	6	2	8	1
1	9	6	5	7	3	4	2	8
3	4	8	2	1	9	6	7	5
2	5	7	4	6	8	1	3	9

2	1	7	8	3	6	9	5	4
8	6	3	9	5	4	1	7	2
9	4	5	1	2	7	8	6	3
3	7	1	6	8	9	2	4	5
6	2	9	4	1	5	7	3	8
5	8	4	2	7	3	6	9	1
4	3	8	7	9	1	5	2	6
1	9	6	5	4	2	3	8	7
7	5	2	3	6	8	4	1	9

7	4	5	9	2	6	1	8	3
6	8	9	4	1	3	5	2	7
1	3	2	7	8	5	6	9	4
5	6	1	8	3	2	7	4	9
3	9	8	6	7	4	2	1	5
2	7	4	1	5	9	8	3	6
4	5	3	2	6	1	9	7	8
8	1	6	3	9	7	4	5	2
9	2	7	5	4	8	3	6	1

9	6	1	4	3	5	8	2	7
5	8	2	1	6	7	3	4	9
3	4	7	2	8	9	5	1	6
8	9	5	6	7	4	2	3	1
1	3	4	9	2	8	6	7	5
2	7	6	3	5	1	9	8	4
4	2	3	5	1	6	7	9	8
6	1	8	7	9	3	4	5	2
7	5	9	8	4	2	1	6	3

NOVICE   ANSWERS

53 NOVICE

2	7	8	1	4	3	9	6	5
6	9	4	8	5	2	7	3	1
3	1	5	6	7	9	4	2	8
1	4	6	9	8	7	2	5	3
8	3	9	5	2	6	1	4	7
5	2	7	3	1	4	8	9	6
4	8	2	7	6	5	3	1	9
9	5	1	4	3	8	6	7	2
7	6	3	2	9	1	5	8	4

54 NOVICE

8	9	4	7	3	1	5	6	2
2	7	5	9	6	4	8	3	1
6	1	3	8	2	5	9	7	4
5	8	1	2	4	6	3	9	7
3	6	9	5	1	7	2	4	8
4	2	7	3	8	9	6	1	5
9	3	8	1	7	2	4	5	6
1	5	6	4	9	8	7	2	3
7	4	2	6	5	3	1	8	9

55 NOVICE

8	1	5	7	2	9	3	6	4
9	6	3	1	5	4	8	2	7
2	7	4	3	8	6	9	5	1
5	8	7	2	3	1	4	9	6
3	9	6	5	4	8	7	1	2
4	2	1	9	6	7	5	8	3
6	3	2	8	7	5	1	4	9
1	4	8	6	9	3	2	7	5
7	5	9	4	1	2	6	3	8

56 NOVICE

6	8	2	1	5	7	9	4	3
1	5	9	3	4	6	7	2	8
7	3	4	8	2	9	5	1	6
3	9	7	4	8	1	2	6	5
2	6	1	7	9	5	8	3	4
8	4	5	2	6	3	1	7	9
4	7	3	5	1	8	6	9	2
9	2	8	6	7	4	3	5	1
5	1	6	9	3	2	4	8	7

NOVICE ANSWERS

9	6	3	2	5	1	4	8	7
8	7	5	4	6	9	2	1	3
4	1	2	7	3	8	5	6	9
6	2	1	8	7	3	9	4	5
5	3	8	9	4	2	6	7	1
7	9	4	5	1	6	8	3	2
3	4	6	1	2	5	7	9	8
2	8	7	3	9	4	1	5	6
1	5	9	6	8	7	3	2	4

5	7	9	3	1	2	8	4	6
1	8	3	6	4	7	5	9	2
2	6	4	9	8	5	3	7	1
6	9	1	4	5	3	7	2	8
3	4	7	2	6	8	9	1	5
8	5	2	1	7	9	4	6	3
7	1	6	8	3	4	2	5	9
4	2	8	5	9	1	6	3	7
9	3	5	7	2	6	1	8	4

5	1	7	8	9	3	4	6	2
6	4	2	1	7	5	8	9	3
3	9	8	6	4	2	1	5	7
1	5	3	2	6	8	9	7	4
9	7	6	5	3	4	2	8	1
2	8	4	7	1	9	5	3	6
8	3	1	9	2	6	7	4	5
4	2	5	3	8	7	6	1	9
7	6	9	4	5	1	3	2	8

7	5	3	2	8	9	1	6	4
2	6	8	1	7	4	3	5	9
9	4	1	3	5	6	2	8	7
3	1	6	5	9	7	4	2	8
4	7	9	6	2	8	5	1	3
5	8	2	4	1	3	7	9	6
6	2	7	8	3	1	9	4	5
8	3	5	9	4	2	6	7	1
1	9	4	7	6	5	8	3	2

61 NOVICE

3	8	9	7	4	2	6	1	5
1	7	2	3	6	5	9	8	4
6	5	4	1	9	8	7	3	2
5	2	7	4	8	6	1	9	3
8	9	1	5	3	7	4	2	6
4	6	3	9	2	1	8	5	7
2	4	8	6	1	3	5	7	9
7	3	6	8	5	9	2	4	1
9	1	5	2	7	4	3	6	8

62 NOVICE

9	6	7	4	2	5	3	8	1
4	8	3	7	6	1	9	5	2
2	1	5	8	3	9	4	6	7
7	3	4	1	8	2	5	9	6
5	2	8	9	4	6	7	1	3
1	9	6	5	7	3	2	4	8
6	4	9	3	1	7	8	2	5
3	5	1	2	9	8	6	7	4
8	7	2	6	5	4	1	3	9

63 NOVICE

5	9	1	3	4	7	2	8	6
4	7	3	2	8	6	9	1	5
2	6	8	5	1	9	3	4	7
6	4	7	8	5	2	1	3	9
1	3	2	7	9	4	5	6	8
8	5	9	6	3	1	7	2	4
9	2	6	1	7	8	4	5	3
7	1	5	4	6	3	8	9	2
3	8	4	9	2	5	6	7	1

64 NOVICE

7	3	4	5	8	1	2	6	9
6	5	8	9	4	2	1	7	3
1	9	2	7	6	3	4	8	5
5	6	7	2	1	4	9	3	8
4	2	9	8	3	7	6	5	1
3	8	1	6	5	9	7	2	4
8	4	5	1	2	6	3	9	7
9	1	6	3	7	8	5	4	2
2	7	3	4	9	5	8	1	6

NOVICE   ANSWERS

2	9	7	3	5	1	8	4	6
3	4	1	6	9	8	7	2	5
6	8	5	4	7	2	9	1	3
7	5	9	2	8	4	6	3	1
1	6	2	7	3	5	4	9	8
8	3	4	9	1	6	5	7	2
5	7	6	1	2	9	3	8	4
4	2	3	8	6	7	1	5	9
9	1	8	5	4	3	2	6	7

2	3	6	5	9	1	8	4	7
7	8	4	2	6	3	9	1	5
9	1	5	4	7	8	6	2	3
5	6	8	7	1	4	3	9	2
3	9	7	8	2	5	1	6	4
1	4	2	6	3	9	7	5	8
4	7	9	3	5	6	2	8	1
8	2	1	9	4	7	5	3	6
6	5	3	1	8	2	4	7	9

9	3	5	7	1	4	2	6	8
1	8	7	2	6	3	9	4	5
6	2	4	9	5	8	7	3	1
3	7	2	5	8	1	6	9	4
4	1	8	6	2	9	5	7	3
5	9	6	3	4	7	8	1	2
2	5	1	4	7	6	3	8	9
8	6	3	1	9	5	4	2	7
7	4	9	8	3	2	1	5	6

4	8	9	7	2	1	3	6	5
7	1	3	6	5	8	9	4	2
2	6	5	3	4	9	1	7	8
3	5	6	8	7	4	2	1	9
9	4	2	5	1	6	8	3	7
8	7	1	2	9	3	6	5	4
1	9	8	4	3	7	5	2	6
5	3	4	9	6	2	7	8	1
6	2	7	1	8	5	4	9	3

NOVICE   ANSWERS

3	5	8	7	1	6	9	4	2
4	6	7	9	3	2	8	5	1
9	1	2	8	4	5	6	7	3
7	8	9	2	5	1	4	3	6
1	3	5	6	7	4	2	8	9
6	2	4	3	8	9	7	1	5
5	9	3	4	2	7	1	6	8
8	7	6	1	9	3	5	2	4
2	4	1	5	6	8	3	9	7

8	5	9	2	4	3	7	6	1
2	6	7	1	9	8	5	4	3
4	3	1	6	5	7	8	9	2
1	2	8	3	6	4	9	7	5
7	9	6	8	1	5	3	2	4
5	4	3	7	2	9	1	8	6
6	7	4	5	8	1	2	3	9
9	8	5	4	3	2	6	1	7
3	1	2	9	7	6	4	5	8

6	4	8	1	9	5	7	3	2
9	5	7	3	4	2	8	6	1
1	3	2	7	8	6	9	4	5
8	1	4	2	6	7	3	5	9
3	2	9	4	5	8	6	1	7
5	7	6	9	3	1	4	2	8
7	8	3	5	1	4	2	9	6
4	6	5	8	2	9	1	7	3
2	9	1	6	7	3	5	8	4

1	3	4	8	6	9	5	7	2
2	5	7	1	4	3	8	6	9
9	8	6	7	2	5	4	3	1
4	7	1	5	9	6	3	2	8
3	9	8	2	1	7	6	5	4
6	2	5	4	3	8	1	9	7
5	1	9	3	7	4	2	8	6
8	6	2	9	5	1	7	4	3
7	4	3	6	8	2	9	1	5

NOVICE   ANSWERS

6	8	2	3	4	1	9	5	7
3	7	4	2	5	9	8	1	6
5	1	9	7	8	6	2	3	4
9	6	5	4	1	8	7	2	3
2	4	7	9	3	5	6	8	1
8	3	1	6	7	2	5	4	9
4	2	3	8	9	7	1	6	5
7	5	8	1	6	3	4	9	2
1	9	6	5	2	4	3	7	8

9	3	1	2	4	5	8	6	7
4	5	2	8	7	6	3	9	1
7	6	8	9	3	1	4	5	2
8	9	5	4	6	7	2	1	3
2	1	3	5	8	9	7	4	6
6	4	7	1	2	3	5	8	9
3	8	9	7	1	4	6	2	5
1	7	4	6	5	2	9	3	8
5	2	6	3	9	8	1	7	4

8	7	9	4	2	3	6	5	1
1	3	2	6	5	8	7	9	4
5	6	4	9	7	1	3	2	8
3	2	8	7	6	5	1	4	9
4	9	6	1	8	2	5	7	3
7	5	1	3	4	9	2	8	6
2	1	5	8	3	4	9	6	7
6	8	3	2	9	7	4	1	5
9	4	7	5	1	6	8	3	2

NOVICE   ANSWERS

1 INTERMEDIATE

2	9	4	3	5	7	8	1	6
6	5	3	8	4	1	7	9	2
8	1	7	9	6	2	3	5	4
1	3	8	5	2	4	6	7	9
4	7	9	1	3	6	5	2	8
5	2	6	7	8	9	1	4	3
9	6	5	2	7	8	4	3	1
7	4	2	6	1	3	9	8	5
3	8	1	4	9	5	2	6	7

2 INTERMEDIATE

1	7	5	8	2	3	9	6	4
4	3	2	9	5	6	8	1	7
8	6	9	1	4	7	2	5	3
2	1	4	3	9	8	6	7	5
3	9	8	6	7	5	4	2	1
6	5	7	2	1	4	3	9	8
7	8	3	5	6	9	1	4	2
5	2	6	4	3	1	7	8	9
9	4	1	7	8	2	5	3	6

3 INTERMEDIATE

1	3	6	7	8	5	2	4	9
5	8	7	2	9	4	3	6	1
2	9	4	6	3	1	5	7	8
8	4	2	3	1	9	6	5	7
6	5	9	8	7	2	1	3	4
3	7	1	4	5	6	9	8	2
7	6	5	9	2	8	4	1	3
9	1	3	5	4	7	8	2	6
4	2	8	1	6	3	7	9	5

4 INTERMEDIATE

2	8	7	4	5	3	6	9	1
3	5	9	1	6	8	2	7	4
6	1	4	7	2	9	8	5	3
1	3	6	9	7	2	4	8	5
9	2	8	5	3	4	7	1	6
4	7	5	6	8	1	9	3	2
8	4	2	3	1	7	5	6	9
5	9	3	8	4	6	1	2	7
7	6	1	2	9	5	3	4	8

INTERMEDIATE ANSWERS

5 INTERMEDIATE

9	4	6	7	2	8	3	5	1
7	1	3	6	5	4	9	2	8
5	2	8	3	9	1	4	7	6
2	8	5	9	1	3	7	6	4
1	3	4	5	6	7	2	8	9
6	7	9	4	8	2	1	3	5
8	6	1	2	7	9	5	4	3
4	5	7	1	3	6	8	9	2
3	9	2	8	4	5	6	1	7

6 INTERMEDIATE

7	6	9	1	2	4	3	5	8
8	4	2	3	5	6	1	9	7
5	1	3	7	9	8	2	6	4
6	9	5	4	7	3	8	2	1
2	7	1	8	6	9	5	4	3
3	8	4	5	1	2	6	7	9
9	5	7	2	3	1	4	8	6
4	3	6	9	8	5	7	1	2
1	2	8	6	4	7	9	3	5

7 INTERMEDIATE

3	7	2	6	8	9	4	5	1
5	4	1	3	7	2	9	6	8
8	9	6	4	5	1	2	3	7
1	5	3	2	4	7	8	9	6
9	2	4	8	3	6	1	7	5
6	8	7	1	9	5	3	4	2
7	1	5	9	2	3	6	8	4
4	6	9	7	1	8	5	2	3
2	3	8	5	6	4	7	1	9

8 INTERMEDIATE

3	4	2	7	6	9	8	1	5
7	9	5	8	1	3	2	6	4
8	1	6	5	4	2	9	3	7
5	3	9	4	2	1	7	8	6
2	6	8	3	7	5	4	9	1
4	7	1	6	9	8	5	2	3
9	8	4	1	3	7	6	5	2
1	2	7	9	5	6	3	4	8
6	5	3	2	8	4	1	7	9

INTERMEDIATE ANSWERS

1	4	8	6	5	9	3	7	2
5	6	2	3	8	7	9	4	1
9	3	7	2	1	4	6	8	5
6	8	9	4	2	5	7	1	3
4	7	5	9	3	1	8	2	6
3	2	1	7	6	8	4	5	9
2	1	4	8	9	3	5	6	7
7	5	3	1	4	6	2	9	8
8	9	6	5	7	2	1	3	4

3	2	7	4	1	6	5	8	9
6	8	5	3	2	9	1	7	4
4	9	1	5	7	8	2	3	6
9	4	2	8	3	1	6	5	7
8	1	6	7	5	4	3	9	2
5	7	3	6	9	2	8	4	1
7	6	8	2	4	5	9	1	3
2	3	9	1	8	7	4	6	5
1	5	4	9	6	3	7	2	8

2	4	8	1	3	6	9	5	7
7	5	9	8	2	4	6	3	1
1	6	3	5	9	7	4	8	2
4	8	1	2	7	5	3	9	6
6	9	7	4	8	3	1	2	5
5	3	2	9	6	1	8	7	4
9	1	4	3	5	2	7	6	8
8	7	5	6	1	9	2	4	3
3	2	6	7	4	8	5	1	9

4	3	7	8	1	9	2	5	6
1	6	2	5	7	3	9	4	8
9	8	5	6	4	2	3	7	1
5	2	9	7	6	4	1	8	3
6	4	1	3	2	8	7	9	5
8	7	3	9	5	1	4	6	2
2	5	6	1	9	7	8	3	4
3	9	4	2	8	6	5	1	7
7	1	8	4	3	5	6	2	9

INTERMEDIATE ANSWERS

13 INTERMEDIATE

4	7	8	3	1	2	9	5	6
2	9	1	5	4	6	3	8	7
6	5	3	7	9	8	1	2	4
9	1	6	4	8	5	2	7	3
5	3	4	2	7	9	8	6	1
7	8	2	1	6	3	5	4	9
1	6	9	8	5	7	4	3	2
3	4	5	6	2	1	7	9	8
8	2	7	9	3	4	6	1	5

14 INTERMEDIATE

4	9	7	6	8	3	5	2	1
1	5	2	4	9	7	8	6	3
6	8	3	2	1	5	4	9	7
2	6	5	3	4	1	9	7	8
9	3	8	5	7	2	1	4	6
7	4	1	9	6	8	2	3	5
5	1	6	7	2	9	3	8	4
8	2	4	1	3	6	7	5	9
3	7	9	8	5	4	6	1	2

15 INTERMEDIATE

5	4	3	8	7	1	2	6	9
2	7	6	5	9	4	1	3	8
1	8	9	6	2	3	5	4	7
4	5	7	9	1	6	3	8	2
3	6	2	7	5	8	4	9	1
9	1	8	3	4	2	7	5	6
7	2	5	4	8	9	6	1	3
6	9	1	2	3	5	8	7	4
8	3	4	1	6	7	9	2	5

16 INTERMEDIATE

4	8	9	3	6	7	1	5	2
1	2	6	8	9	5	4	7	3
5	3	7	1	2	4	8	9	6
7	6	3	4	8	9	5	2	1
9	1	4	6	5	2	3	8	7
2	5	8	7	1	3	6	4	9
6	4	1	9	7	8	2	3	5
3	7	5	2	4	6	9	1	8
8	9	2	5	3	1	7	6	4

INTERMEDIATE ANSWERS

5	8	4	7	2	1	3	6	9
9	7	2	3	5	6	8	1	4
3	6	1	9	4	8	7	2	5
4	2	7	6	9	5	1	3	8
8	1	9	4	3	7	2	5	6
6	5	3	8	1	2	4	9	7
2	4	5	1	7	9	6	8	3
7	9	8	2	6	3	5	4	1
1	3	6	5	8	4	9	7	2

9	5	2	7	4	6	8	3	1
3	4	8	5	2	1	7	9	6
6	7	1	3	8	9	5	2	4
5	8	4	9	6	2	3	1	7
2	6	7	1	3	8	4	5	9
1	3	9	4	5	7	6	8	2
7	9	3	6	1	5	2	4	8
4	2	6	8	9	3	1	7	5
8	1	5	2	7	4	9	6	3

3	5	1	8	2	6	9	7	4
8	9	7	1	4	3	6	5	2
6	2	4	7	5	9	8	3	1
4	8	6	5	3	7	1	2	9
9	7	2	4	8	1	5	6	3
5	1	3	6	9	2	7	4	8
1	4	8	3	6	5	2	9	7
2	3	5	9	7	8	4	1	6
7	6	9	2	1	4	3	8	5

7	1	2	8	5	3	4	9	6
9	5	3	4	6	1	2	7	8
6	8	4	7	2	9	1	5	3
4	2	9	6	1	7	3	8	5
1	7	5	2	3	8	6	4	9
3	6	8	5	9	4	7	2	1
8	3	7	9	4	6	5	1	2
2	9	6	1	7	5	8	3	4
5	4	1	3	8	2	9	6	7

INTERMEDIATE ANSWERS

21 INTERMEDIATE

1	9	8	4	5	7	6	3	2
4	5	3	2	6	8	1	7	9
2	6	7	1	3	9	4	8	5
3	7	4	9	2	5	8	1	6
6	8	9	7	1	3	2	5	4
5	2	1	8	4	6	3	9	7
9	1	6	3	7	2	5	4	8
8	3	2	5	9	4	7	6	1
7	4	5	6	8	1	9	2	3

22 INTERMEDIATE

6	2	7	9	4	3	8	1	5
9	1	3	7	5	8	6	4	2
5	8	4	1	2	6	7	9	3
7	9	1	6	8	5	3	2	4
4	3	5	2	9	7	1	6	8
8	6	2	3	1	4	5	7	9
3	4	9	8	6	1	2	5	7
2	7	6	5	3	9	4	8	1
1	5	8	4	7	2	9	3	6

23 INTERMEDIATE

7	1	4	6	2	5	9	3	8
6	2	5	9	8	3	4	1	7
8	3	9	4	1	7	2	6	5
5	6	3	7	9	8	1	2	4
9	7	8	2	4	1	6	5	3
1	4	2	3	5	6	8	7	9
2	5	6	8	3	9	7	4	1
3	9	7	1	6	4	5	8	2
4	8	1	5	7	2	3	9	6

24 INTERMEDIATE

1	5	4	2	6	9	7	3	8
3	8	7	1	4	5	2	6	9
6	2	9	7	3	8	4	5	1
2	9	6	4	7	3	1	8	5
7	3	5	8	9	1	6	4	2
4	1	8	5	2	6	3	9	7
9	4	1	6	8	2	5	7	3
5	7	3	9	1	4	8	2	6
8	6	2	3	5	7	9	1	4

INTERMEDIATE ANSWERS

3	2	8	9	5	6	4	1	7
4	1	7	8	2	3	9	5	6
6	9	5	1	4	7	8	3	2
8	6	3	7	1	4	5	2	9
5	7	2	3	8	9	6	4	1
9	4	1	5	6	2	7	8	3
2	8	9	6	3	5	1	7	4
1	3	6	4	7	8	2	9	5
7	5	4	2	9	1	3	6	8